JN088716

社会人の
学び直し

使える

漢字力

一校舎国語
研究会

永岡書店

「姑息(こそく)」の使い方として正しいのはどちらでしょうか？

① 「**姑息**な手段で敵を出し抜く」

② 「**姑息**な対処にとどめる」

「姑息」とは、「その場しのぎの」という意味です。したがって正しくは②ですが、最近では「姑息」を「卑怯な」の意味だと誤解している人も多く、①のような誤った使い方もよく耳にします。

　本書はそのような、知っているようで意外と間違いやすい言葉の語源、四字熟

語、ことわざ、慣用句、敬語など、漢字の問題を中心に、数多くの難しい日本語を集めました。問題ページをめくるとすぐ裏面に答えと解説が記されているので、通勤時などのちょっとしたすき間時間にも、クイズ感覚で学び直せます。

　ビジネスシーンでも、くらしのなかでも、今日から早速使える「漢字力」を鍛えて、自信を持って正しい日本語が使える社会人をめざしましょう！

永岡書店編集部

PART 1

言葉編

私たちは日頃、
あまり**深く考えず**に
自然に**言葉**を使っていますが、
その中には数々の
「勘違い」が潜んでいます。
そんな「勘違い」たちを、
この機会に**理解**して
いきましょう。

意味を間違いやすい言葉

次の言葉の使い方として正しいのはどちらですか

問01 「役不足」

① 彼は社長の器じゃないよ。**役不足**だね。

② 営業部長程度のポストじゃあ、彼のような優秀な人には**役不足**だよ。

問02 「おっとり刀」

① 事故の知らせを受けて**おっとり刀**で現場に向かった。

② 時間に余裕があったので、**おっとり刀**で職場に出向いた。

問03 「確信犯」

① その男は独自の政治思想によって罪を犯した。こうした**確信犯**に更生は無理だろう。

② 彼は自分の行為を犯罪だと自覚していたはずだ。彼は**確信犯**だよ。

答えと解説

問01 ②

「役不足」は元来、歌舞伎役者が自分に
与えられた役に満足しないことを指す。
転じて能力や力量に対して役目が軽すぎ
ることをいうようになった。①のように
力量に対して役目が重すぎる場合には
「力不足」とするべきだ。

問02 ①

「おっとり刀」は「押っ取り刀」と書く。
元々は、刀を腰に差すひまもなく手に
持ったまま駆けつけることをいった。「取
るものも取りあえず」という意味で使わ
れる。「おっとりとした性格」という場
合の「おっとり」とは無関係。

問03 ①

「確信犯」は「犯罪行為とわかっていて
あえて罪を犯す者」の意味で使われるこ
とが多いが、本来は、道徳的・宗教的・
政治的な信念に基づいて犯罪を行う者の
ことを指す言葉である。

次の言葉の使い方として
正しいのはどちらですか

問04 「かねる」

① 管轄外のことなので我々としては
責任を負い**かねません**。

② 申し訳ありませんが、ご依頼には
応じ**かねます**。

問05 「姑息(こそく)」

① **姑息**な手段で敵を出し抜く。

② **姑息**な対処にとどめる。

問06 「耳障り」

① **耳障り**のよいことばかり言う。

② **耳障り**な音楽を流す。

問07 「雨模様」

① 雲が垂れ込み、すっかり**雨模様**だ。

② 降ったり止んだりの**雨模様**だ。

答えと解説

問04 ②

「〜かねる」は「〜できない」の意味である。したがって、①のような言い方では、「〜できなくない」、つまり「〜できる」という意味になってしまう。「責任を負いかねます」が正しい。

問05 ②

最近では「姑息」を「卑怯な」の意味だと誤解している人が多いが、正しくは「その場しのぎの」という意味である。

問06 ②

「耳障り」は、聞いて不快に感じることの意。これを「耳触り」と表記するなら、①も許容の範囲である。

問07 ①

「雨模様」は本来「今にも雨が降り出しそうな空の様子」の意味である。

次の言葉の使い方として正しいのはどちらですか

問08 「涙を振るう」

① 涙を振るって感動する。

② 涙を振るって処罰する。

問09 「首っ引き」

① 辞書と首っ引きで原書を読む。

② クラスの女の子に首っ引きだ。

問10 「引け目」

① 貧乏なことに引け目を感じる。

② 加害者としての引け目がある。

問11 「歯牙」

① 次々と若い女性を歯牙にかける。

② 人の提案など歯牙にもかけない。

答えと解説

問08 ②

「涙を振るう」とは、「涙を振りはらう」の意。私情を振り捨てることをいう。

問09 ①

「首っ引き」とは辞書などを絶えず参照する様子を表す言葉。②の場合は「首っ丈」が正しい。

問10 ①

「引け目」は自分が劣っていると感じること。②の場合は「負い目」が正しい。

問11 ②

「歯牙」とは「言葉」の意味。「歯牙にもかけない」で問題にもしないこと。

次の言葉の使い方として
正しいのはどちらですか

問12 「対談」

① 有名作家との**対談**を楽しむ。

② 三人の**対談**を実現させる。

問13 「ものする」

① 大作を**ものする**。

② 技を**ものする**。

問14 「慇懃」
いんぎん

① 相手の**慇懃**な態度が気に障る。

② **慇懃**すぎる応対はかえって失礼だ。

問15 「紅顔」
こうがん

① **紅顔**の美少女。

② **紅顔**の美少年。

答えと解説

問12 ①

「対談」は二者が話すこと。三者の場合は「鼎談」である。

問13 ①

「ものする」は「詩や文章などを書く」の意。②の場合は「ものにする」が正しい。

問14 ②

「慇懃」とは礼儀正しく丁寧なさま。①の場合は「慇懃無礼」とすべき。

問15 ②

「紅顔」は「美少年」とセットで使われるのが普通だ。

次の言葉の意味として
正しいのはどちらですか

問16 「暮れなずむ」

① なかなか暮れずにいる。

② 暮れかかっている。

問17 「あられもない」

① 恥ずかしい。

② なまめかしい。

③ あってはならない。

問18 「触り」

① 話などの最初の部分。

② 話などの中心部分。名場面。

問19 「いぎたない」

① いつまでも眠りこけている様子。

② 食い意地が張っている様子。

答えと解説

問16 ①

海援隊の歌「贈る言葉」ですっかり有名になった言葉だが、意味を正確に把握している人は意外に少ない。「なずむ」とは「滞る」の意。つまり「暮れなずむ」は「なかなか暮れずにいる」の意味である。

問17 ③

「あられ」とは、動詞「あり」に可能の助動詞「れる」の付いたもの。すなわち「あられもない」は、「ありえない」「あってはならない」などの意味を表す。エッチな文脈で使われることが多いせいか意味を取り違えている人も多い。

問18 ②

「触り」を「最初の部分」と誤解している人が目立つ。「触り」とは、元来、義太夫節の最も聞かせ所とされている部分を指した言葉。転じて、「話などの最も印象的な部分」を意味する。

問19 ①

昏々と眠り続けるさまや、寝相が悪いさまを形容する言葉である。「意地きたない」と混同してはならない。

次の言葉の意味として
正しいのはどちらですか

問20 「姥桜」（うばざくら）

①年甲斐（としがい）もなく派手な女性。

②娘盛りを過ぎても美しい女性。

問21 「しどけない」

①女性の姿態（したい）が色っぽい。

②女性の身なりがだらしない。

問22 「つましい」

①質素だ。

②遠慮深い。

問23 「心やり」

①気晴らし。

②気遣い。

問24 「悪びれる」

①開き直る。

②おどおどする。

答えと解説

問20 ②

「姥桜」は娘盛りを過ぎてもなまめかしさのある女性のこと。純粋なほめ言葉だ。

問21 ②

週刊誌の見出しなどでよく見る言葉だが、「姿態が色っぽい」などの意味はない。「身なりがだらしない」が正解。

問22 ①

「安月給でつましく暮らす」などと使う。②は「つつましい」だ。

問23 ①

「思いやり」「心遣い」などと混同しやすい。「気晴らし」の意味である。

問24 ②

「悪びれる」は「おどおどする」の意。①の意味なら「悪びれもせず」である。

次の言葉の意味として
正しいのはどちらですか

問25 「頑是無い」
がんぜ な

① 罪の無い。

② 分別がつかない。

問26 「つとに」

① 広く。

② 前々から。

問27 「お座なり」

① やらずに放っておくこと。

② いい加減に行うこと。

問28 「阿弥陀にかぶる」
あ み だ

① 帽子などを目深にかぶる。

② 帽子などを後ろに傾けてかぶる。

問29 「憮然」
ぶ ぜん

① 失望するさま。

② 腹を立てるさま。

答えと解説

問25 ②

「頑是無い」とは、幼くて物事の善悪の区別がつかないこと。転じて無邪気なことにも用いる。

問26 ②

「つとに」は漢字では「夙に」と書く。「早くから」「前々から」の意味。

問27 ②

やらずに放っておくのは「なおざり（等閑）」のほう。「お座なり」は「いい加減にやる」の意味である。

問28 ②

ちょうど阿弥陀の光背のように、帽子を後頭部に傾けてかぶることである。

問29 ①

「憮」の字は「失意」を表す。「憮然」を②の意味にとらえるのは本来は誤り。

使い方に注意が必要な言葉

次の言葉の使い方として正しいのはどちらですか

問01 「ぞっとしない」

① 壁を塗り替えたのはいいが、その色はあまり**ぞっとしない**な。

② 旅先の旅館で幽霊を見たんだが、それほど**ぞっとしなかった**よ。

問02 「私淑(ししゅく)」

① 彼は大学で教えを受けたY教授にいまだに**私淑**している。

② 若い頃の彼はトルストイに**私淑**して、その全作品を原書で読んだそうである。

問03 「妙齢(みょうれい)」

① 三十歳を超えた**妙齢**の女性たちが買い物を楽しむ店。

② 二十代前半の**妙齢**の女性を対象とした商品。

答えと解説

問01 ①

「ぞっとする」といえば、恐ろしくて身の毛がよだつ思いをすること。だからといって「ぞっとしない」が「怖くない」の意味になるかというと、そうではない。「ぞっとしない」は「感心しない」の意味。②のような使い方はできない。

問02 ②

「私淑」とは直接教えを受けることがなかった人物から、書物などを通して教えを受け、師と仰ぐことをいう。①のように、面識のある人から直接指導を受ける場合には「私淑」とはいわない。

問03 ②

「妙齢」とは「若い年頃」つまり結婚適齢期のことだ。「妙齢の女性」といえば、普通、二十代前半の若い女性を指す。ただし結婚適齢期は時代によって変わるので、三十代以上の女性に対して「妙齢」という言葉を使うのも、早晩不適切ではなくなるかもしれない。

次の言葉の意味として
正しいのはどちらですか

問04 「遺憾」

① 残念に思うこと。

② 申し訳なく思うこと。

問05 「指折り」

① 世界でも**指折り**の大悪人。

② 日本でも**指折り**の名勝地。

問06 「さくさく」

① 悪評**さくさく**たるものがある。

② 好評**さくさく**たるものがある。

問07 「敵ではない」

① プロはアマチュアの**敵ではない**。

② アマチュアはプロの**敵ではない**。

答えと解説

問04 ①

「遺憾に存じます」と言うのは謝っているわけではない。「残念に思う」の意味である。

問05 ②

「指折り」は「五本の指に入るほど際立って優れている」の意。悪いことや劣っている場合には使わない。

問06 ②

「さくさく」は「嘖嘖」と書く。本来口々にほめ、言いはやす様子を表す語。「悪評嘖嘖」という言い方は誤りだ。

問07 ②

「敵ではない」は「相手にならない」の意。①ではアマチュアのほうがプロより優れていることになってしまう。

次の言葉の意味として
正しいのはどちらですか

問08 「珠玉」（しゅぎょく）

① **珠玉**の大作を遺す。

② **珠玉**の短編を遺す。

問09 「告発」

① 被害者が犯人を警察に**告発**する。

② 職員が役所の不正を**告発**する。

問10 「いい薬になる」

① 白星が**いい薬になって**復調する。

② 今回の失敗が**いい薬になる**。

問11 「歴任」

① わが社の社長を**歴任**した方々。

② 多くのポストを**歴任**した方。

問12 「輩出」

① 各界の著名人を**輩出**した大学。

② 日本の**輩出**した唯一の大スター。

答えと解説

問08 ②

「珠玉」は、小さくても価値の高いもののたとえとして使われる語。

問09 ②

「告発」とは、被害者以外の人が捜査機関に訴え出ることをいう。

問10 ②

「いい薬になる」は普通よくない出来事が後に生かされ、役に立つ場合に使う。

問11 ②

「歴任」は「責任ある役職を次々と務めてきたこと」の意味。

問12 ①

「輩出」とはすぐれた人物が次々と世に出ること。たった一人では「輩出」とはいわない。

同音異義語を上手に使おう

次の太字の部分で正しい漢字はどちらですか

問01 「判決理由の**しゅし**が述べられた。」

①
趣旨

②
主旨

問02 「解散は**ひっし**の情勢だ。」

①
必死

②
必至

問03 「真理を**ついきゅう**する。」

①
追究

②
追求

答えと解説

問01 ② 主旨

「主旨」は中心となる事柄。「趣旨」は何かをするときのねらい。

問02 ② 必至

「必ずそのように至る」つまり「避けられない」という意味。

問03 ① 追究

調べて明らかにしようとするときは「究」の字を使う。

次の太字の部分で
正しい漢字はどちらですか

問04 「損失を**ほしょう**する。」

① 保障

② 補償

問05 「食べ物の**しこう**が変わる。」

① 指向

② 志向

③ 嗜好

問06 「**けいちょう**費がかさむ。」

① 慶弔

② 傾聴

③ 軽重

問07 「事務所の規模を**しゅくしょう**することになった。」

① 縮少

② 縮小

答えと解説

問04 ② 補償

「保障」は「差し障りから保つ」で「権利を保障する」などと使う。「補償」は「補い償う」で「損失を補償する」などと使う。

問05 ③ 嗜好

「嗜好」は好み。「指向」は、物事が進んでいく方向。「志向」は、こころざすこと。

問06 ① 慶弔

「慶弔」は、喜びと悲しみの出来事。それにかかる儀礼的な費用が「慶弔費」。

問07 ② 縮小

「拡大」に対する「縮小」と覚えよう。

次の太字の部分で
正しい漢字はどちらですか

問08「彼は**ゆうしゅう**の美を飾った。」

① 優秀

② 有終

問09「彼は**へいこう**感覚がいい。」

① 平衡

② 平行

問10「身元を**しょうかい**する電話がきた。」

① 紹介

② 照会

問11「恋人の**かんしん**をかう。」

① 歓心

② 感心

答えと解説

問08 ② 有終

終わりよければすべてよし！

問09 ① 平衡

バランス感覚のいい人ってうらやましい。

問10 ② 照会

問い合わせをすること。

問11 ① 歓心

喜ぶ気持ち。うれしく思う気持ち。

次の太字の部分で正しい漢字はどちらですか

問12 「彼は**てきかく**な人物だ。」

① 的確

② 適格

問13 「小説の執筆を**わざ**とする。」

① 技

② 業

問14 「妻に**きょうこう**に反対された。」

① 強行

② 強硬

問15 「アンケートの**かいとう**を提出する。」

① 解答

② 回答

答えと解説

問12 ② 適格

その地位にいるのがふさわしいという意味。

問13 ② 業

「職業・仕事」の意味のときは、「業」を使う。

問14 ② 強硬

譲らない態度のこと。

問15 ② 回答

解いて答えるわけではないので。

次の太字の部分で
正しい漢字はどちらですか

問16 「水道の**けんしん**日は月末だ。」

① 検診   ② 検針

問17 「同人誌の**しゅさい**をする。」

① 主催   ② 主宰

問18 「大阪駅を**きてん**として五キロ圏内。」

① 起点   ② 基点

問19 「師匠の前で**いぎ**を正す。」

① 異議   ② 威儀

問20 「**かねつ**する報道に辟易する。」

① 加熱   ② 過熱

答えと解説

問16 ② 検針

メーターを見るから「針」のほうを使う。

問17 ② 主宰

「宰」には、「治める」という意味がある。

問18 ② 基点

ある地点からいろいろな方向に行く場合は「基点」。

問19 ② 威儀

きちんとした礼儀にかなった重々しい様子。

問20 ② 過熱

度が「過」ぎる、と覚える。

次の太字の部分で正しい漢字はどちらですか

問21 「行動の**きじゅん**を定める。」

① 基準   ② 規準

問22 「町の発展を**そがい**する動きがある。」

① 阻害   ② 疎外

問23 「意味**しんちょう**な文章を残す。」

① 慎重   ② 深長

問24 「グループの**さんか**に入る。」

① 参加   ② 賛歌   ③ 傘下

問25 「頑強な**したい**を維持する。」

① 姿体   ② 姿態   ③ 肢体

答えと解説

問21 ② 規準

「手本とすべきもの」の意のときは「規準」。

問22 ① 阻害

「阻害」は、「妨げる」という意味。

問23 ② 深長

奥深くて含蓄があること。

問24 ③ 傘下

「傘下」は、庇護の下にあること。

問25 ③ 肢体

「肢体」は、身体のこと。「姿体」「姿態」は、体つきのこと。

きちんと使い分けたい類義語

次の言葉の類義語（似た意味の言葉）を選びましょう

問01「虚実」

① 美醜　② 真偽　③ 善悪

問02「綿密」

① 機密　② 細密　③ 秘密

問03「難儀」

① 難題　② 難解　③ 難渋

問04「思慕（しぼ）」

① 渇仰　② 信仰　③ 大仰

答えと解説

問01 ② **真偽**

「虚」と「実」。

問02 ② **細密**

「細かく行き届いている」の意味。

問03 ③ **難渋**

「物事がうまく進行しなくなる」ことを
意味する。

問04 ① **渇仰**

「思慕」は「思いを寄せる」意味。
「渇仰」のほか「愛慕」「敬慕」なども類
義語。

次の言葉の類義語（似た意味の言葉）を選びましょう

問05 「文案」

① 文章 ② 原稿 ③ 草稿

問06 「醜聞（しゅうぶん）」

① 悪評 ② 風説 ③ 外聞

問07 「景勝」

① 観光 ② 景物 ③ 名勝

問08 「野暮」

① 生粋 ② 無骨 ③ 暮色

問09 「卑怯（ひきょう）」

① 卑屈 ② 卑劣 ③ 野卑

答えと解説

問05 ③ 草稿

「文案」「草稿」は文章の下書き。「原稿」は印刷物にするために書かれた文章。

問06 ① 悪評

「よくない評判」の意味。「好評」と対になる言葉。

問07 ③ 名勝

「景色のよいところ」の意味。「勝地」も類義語。

問08 ② 無骨

「洗練されていない」意味。「粋」「風流」の対義語。

問09 ② 卑劣

「怯懦」なども類義語。

次の言葉の類義語（似た意味の言葉）を選びましょう

問10 「展覧」

① 閲覧　② 陳列　③ 公開

問11 「旺盛」

① 軒昂（けんこう）　② 兼行　③ 権衡

問12 「気長」

① 超然　② 悠然　③ 敢然

問13 「懸念（けねん）」

① 横着　② 頓着　③ 必着

問14 「休戚（きゅうせき）」

① 濃淡　② 動静　③ 悲喜

答えと解説

問10 ② 陳列

「展」も「陳」も並べること。

問11 ① 軒昂

「意気が盛んである」という意味の言葉。

問12 ② 悠然

「悠長」という類義語もある。

問13 ② 頓着

「気掛かりなこと」という意味。「心配」も類義語。

問14 ③ 悲喜

「休戚」は「うれしいことと悲しいこと」という意味の言葉。

次の言葉の類義語（似た意味の言葉）を選びましょう

問15 「迂闊」 (うかつ)

① 慎重　　② 粗忽　　③ 軽薄

問16 「融通」

① 始末　　② 都合　　③ 方法

問17 「斟酌」 (しんしゃく)

① 軽重　　② 加減　　③ 配合

問18 「意趣」

① 遺物　　② 遺憾　　③ 遺恨

問19 「晦渋」 (かいじゅう)

① 渋面　　② 難解　　③ 苦渋

答えと解説

問15 ② 粗忽(そ こつ)

「迂闊」も「粗忽」も「そそっかしい」「不用意」「軽率」などの意味。

問16 ② 都合

「なんとかやりくりする」という意味。

問17 ② 加減

「斟酌」は試験や試合などの際に「手心を加える」という意味。

問18 ③ 遺恨

要するに「恨み」のこと。「怨恨(えんこん)」「怨嗟(えんさ)」なども類義語。

問19 ② 難解

「晦渋」は、言葉が難しくて意味がわからないこと。

きちんと使い分けたい対義語

次の言葉の**対義語**（反対の意味の言葉）を選びましょう

問01 「詳細」

① 敷衍（ふえん）　② 簡略　③ 雑駁（ざっぱく）

問02 「時間」

① 空間　② 物質　③ 歴史

問03 「購入」

① 売買　② 購読　③ 売却

問04 「演繹（えんえき）」

① 帰納（きのう）　② 止揚（しよう）　③ 弁証

答えと解説

問01 ② 簡略

「敷衍」は、詳しく説明すること。「雑駁」
は、統一性に欠けること。

問02 ① 空間

「物質」は、「精神」の対義語。「歴史」
は時間の一部。

問03 ③ 売却

「購入」は、「買い入れる」の意。「売却」は、
「売り払う」の意。

問04 ① 帰納

「演繹」は、理論から事象を予想すること。
「帰納」は、事象から理論を構築すること。

次の言葉の対義語（反対の意味の言葉）を選びましょう

問05 「雑然」

① 騒然　　② 整然　　③ 漫然

問06 「債権」

① 借財　　② 負債　　③ 債務

問07 「高騰」

① 低迷　　② 暴騰　　③ 下落

問08 「疎遠」

① 深遠　　② 親密　　③ 親疎

問09 「狡猾」

① 老獪（ろうかい）　　② 愚直　　③ 猾介（けんかい）

答えと解説

問05 ② 整然

「雑然」は、乱れていること。整っているのは、「整然」。

問06 ③ 債務

金銭を貸している人が「債権者」。借りている人が「債務者」。

問07 ③ 下落

「高騰」は、物価などが異常に上がること。反対に、下がるのが、「下落」。

問08 ② 親密

「疎遠」は、交流が途絶え、よそよそしいこと。よく交流する親しい関係なら、「親密」。

問09 ② 愚直

「狡猾」は「ずる賢い」ことを意味する。「老獪」と同義。

次の言葉の対義語（反対の意味の言葉）を選びましょう

問10 「拙速」

① 巧遅　　② 晩成　　③ 有終

問11 「雄弁」

① 能弁　　② 訥弁（とつべん）　　③ 詭弁（きべん）

問12 「濃厚」

① 酷薄　　② 肉薄　　③ 希薄

問13 「貧賤（ひんせん）」

① 富貴　　② 豪遊　　③ 財宝

問14 「創刊」

① 未刊　　② 休刊　　③ 廃刊

答えと解説

問10 ① 巧遅

「拙」と「巧」、「速」と「遅」が対になっている。

問11 ② 訥弁

飾り気がなく口数の少ないことを「木訥（ぼくとつ）」という。

問12 ③ 希薄

「希」は「少ない」の意。

問13 ① 富貴

「貧」と「富」、「賤」と「貴」が対になる。

問14 ③ 廃刊

雑誌や新聞などの刊行を始めるのが「創刊」、終わりにするのが「廃刊」。

次の言葉の対義語（反対の意味の言葉）を選びましょう

問15 「竣工」（しゅんこう）

① 起工　② 完工　③ 施工

問16 「起床」

① 着床　② 睡眠　③ 就寝

問17 「韻文」（いんぶん）

① 詩文　② 散文　③ 漢文

問18 「冗長」

① 複雑　② 簡潔　③ 短気

問19 「機敏」

① 遅滞　② 遅延　③ 遅鈍

答えと解説

問15 ① 起工

「竣工」は「建物などの工事が完成する」の意。

問16 ③ 就寝

「起きる」と「寝る」の対。

問17 ② 散文

詩のようなリズムをもつ文章が「韻文」、もたない文章が「散文」。

問18 ② 簡潔

「冗長」は、無駄が多くて長いこと。

問19 ③ 遅鈍

「機敏」は、状況に応じたすばやい判断で行動すること。

小ネタに ぴったりな 日本語の語源

次の言葉の正しい語源は どちらですか

問01 「すっぱ抜く」

① 擬音語の「すっぱり」と「抜く」とが組み合わさり、それが訛ったもの。

② 忍者の別称「すっぱ」と「(秘密を)抜く」とが組み合わさったもの。

問02 「ぐれる」

① 物事が食い違うことを意味する「ぐれ」が変化して「ぐれる」となった。

② 灰色を意味する「グレー」が変化して「ぐれる」となった。

問03 「けりをつける」

① 和歌や俳句が、多く「けり」の形で終わることから。

② 闘鶏が激しい「蹴り合い」の末に決着がついたことから。

答えと解説

問01 ②

【意味】秘密を暴くこと。

【豆知識】「すっぱ」は漢字で「素破」「出抜」などと書き、昔の忍者を意味する。忍者は、敵陣に忍び込んで情報を「抜き取り」、敵を「出し抜く」ことから、忍者のスパイ活動になぞらえて、そういうようになった。

問02 ①

【意味】道を外れて堕落すること。

【豆知識】蛤の貝殻はぴったりと合うものだが、ひっくり返すと合わない。そこから物事が食い違うという意味の「ぐりはま」という俗語が生まれ、「ぐれはま」と訛り、「はま」が省略されて「ぐれる」となった。

問03 ①

【意味】物事の結末をつける。

【豆知識】「けり」は、古語の助動詞「けり」で、詠嘆の過去を表し、和歌や俳句の結びの言葉に使われることが多かった。そのため、物事の終わり、しめくくりという意味を表すようになった。

次の言葉の正しい語源は
どちらですか

問04 「風呂敷」

① 風呂上がりに、脱衣場の足元に敷いて、その上で衣服を着たから。

② 赤ちゃんを風呂に入れるとき、すべらないように巻いたから。

問05 「猫ばば」

① 猫は糞をしたあと、砂をかけて知らん顔するから。

② 猫はお婆さんのスキを見て、魚をさっと奪って逃げるから。

問06 「几帳面」

① 「几」はきちんとしたという意味で、帳面に細かく記録しておく役人の仕事ぶりから。

② 昔の貴人の部屋の仕切りに用いられた几帳の表面に、丹念に細工をした仕事ぶりから。

問07 「とどのつまり」

① 出世魚のボラが成長すると「トド」と呼ばれることから、「とどのつまり」というようになった。

② 「とうとう（到頭）」が訛って「とど」に変化し、「とどのつまり」というようになった。

答えと解説

問04 ①

【意味】物を包む四角い布のこと。

【豆知識】銭湯に行くとき、入浴用具を四角い布に包んで持っていく。脱いだ衣類はその布に包んでおき、風呂から上がったら脱衣場の足元に布を敷いて、濡れた足を拭きながら衣服を着る。風呂に敷くから「風呂敷」。

問05 ①

【意味】悪事を隠して知らん顔をすること。特に、他人のお金を自分の懐に入れること。

【豆知識】糞は幼児語で「ばば」という。猫は糞をした後、砂をかけて糞を隠す習性がある。拾い物を横領する人の姿に似ていることから生まれた。

問06 ②

【意味】何事にも手を抜かず、真面目に折り目正しくすること。

【豆知識】几帳は、平安時代などに貴人のそばに立て、間仕切りや風除けにした衝立のことだが、その表面を几帳面といい、丁寧に細工が施された。そのため、丁寧な仕事ぶりや性格を「几帳面」というようになった。

問07 ①

【意味】最後に行き着くところ。

【豆知識】出世魚の一つボラは、稚魚から成長するにつれて、ハク→オボコ→スバシリ→イナ→ボラと名を変え、最終的に「トド」と呼ばれる。これに「詰まり」がついて「とどのつまり」となった。海に囲まれた日本は、魚に関する語彙が驚くほど豊かだ。

次の言葉の正しい語源は
どちらですか。

問08 「元の木阿弥」

① 木阿弥は、戦国大名の遺言により影武者となったが、用済みとなって元の身分に戻ったという故事から。

② 能役者の木阿弥は、策を弄して高い地位を得たが、それがバレて、元も子もなくなったという話から。

問09 「とんちんかん」

① 師が鉄を打つ間に、不慣れな弟子が槌を入れると、ずれて響く音の「トンチンカン」を模した擬音語。

② 何をやってもうまくいかない、中国の唐時代の三人の泥棒、頓、珍、漢の名前から。

問10 「くだを巻く」

① 長くてしつこいという「くだくだしい」の略と、繰り返すの意の「巻く」ことから。

② 糸を紡ぐときに使う管巻き軸が「ブウブウ」とうるさい音を立てることから。

問11 「雑炊」

① ご飯に水を加えて量を増やしたので、「増水」といわれていたから。

② 正月の餅に飽きたころ、雑煮の汁にご飯を入れて食べたことから。

答えと解説

問08 ①

【意味】いったんよくなったものが再び元の状態に戻って、苦労も努力もむだになること。

【豆知識】「木阿弥」は名もない僧侶の名前。遺言したのは戦国大名筒井順昭のこと。朱塗りの椀の朱が剥げて、貧弱な下地が現れた「元の木椀」が転じたものという説もある。

問09 ①

【意味】ちぐはぐなことや、わけのわからないこと。とんまな言動。

【豆知識】漢字では「頓珍漢」と書くが、これは当て字。なお、鍛冶職人の師が槌を打つ合間に弟子が槌を打つことを「相槌」といい、そこから「相槌を打つ」つまり相手の話に合わせるという言葉が生まれた。

問10 ②

【意味】酔っ払ってくどくどとつまらないことを繰り返す。

【豆知識】「くだ」は漢字にすると「管」で、糸を紡ぐときに使う糸巻き軸のこと。昔々、女房たちが「うちの亭主ったら、いつもブウブウと愚痴ばかり」「まるで管巻きだね」などと文句を言っていた名残であろう。

問11 ①

【意味】野菜や魚介類などさまざまな具を入れたお粥。

【豆知識】ご飯に水を加えて量を増やし、味をつけただけの「増水」または「増炊」からきている。これにさまざまな具を入れるようになってから、「雑炊」の字が当てられるようになった。「おじや」も同義語。

次の言葉の正しい語源はどちらですか

問12 「袖にする」

① 袖は身ごろに対する付属物なので、ないがしろにする意で用いられるようになった。

② 男女の間で、好きか嫌いかの合図を、袖で示すことに決めたことから。

問13 「大わらわ」

① 擬態語の「わらわら」に「大」がついた。

② 「大きな童」の意味からきた。

問14 「反りが合わない」

① 刀と鞘の反り方が合わないと、刀がうまく納まらなかったことから。

② 木材が反ってしまうと、組み立てるときに寸法が合わなくなってしまうことから。

問15 「美味しい」

① 褒め言葉の「いしい」が美味も表すようになり、敬語の「お」をつけた女房言葉。

② 「うまい」の古語「うしい」に、最高を表す「大」がつき「大うしい」が「おいしい」になった。

答えと解説

問12 ①

【意味】無視する。おろそかにする。ないがしろにする。

【豆知識】袖は身ごろに対して付属物であるため、おろそか、ないがしろの意で用いられるようになった。一方袖の振り方で好き嫌いを表現した「袖振る」は、恋人を「振った」「振られた」という言葉の語源といわれる。

問13 ②

【意味】懸命になって物事を行うこと。

【豆知識】武士は合戦のとき、頭の髻（髪の毛を束ねた部分）を解き、鉢巻を締めて兜を着けた。兜を脱ぎ捨てて戦うと、おかっぱの髪の毛を振り乱したような姿になり、その様子が子どものようであったため、懸命に戦うさまを「大童」というようになった。

問14 ①

【意味】お互いの気持ちや性格が合わず、人間関係がしっくりいかないこと。

【豆知識】「反り」は日本刀の反りのこと。刀は一本一本峰（背）の反り具合が異なるため、鞘はそれにぴったりと合うように作られる。反りの合わない鞘にはうまく納まらないことから、このようにいうようになった。

問15 ①

【意味】味がよい。うまい。

【豆知識】みごと、りっぱという意味の古語「いし」が、室町時代頃から「いしい」という形を生じた。女房言葉（宮中の女性の間で使われる隠語）なので、それに丁寧の接頭語「お」がついて「おいしい」になった。「美味しい」は当て字。

読みは一緒でも漢字が違うと微妙にニュアンスが変わる言葉や本来の使い方から変化していった言葉があります。決して間違いとは言えませんが、使う状況に気をつけたい言葉をいくつか紹介します。

そっちょく

○ 率直　△ 卒直

本来、「そっちょく」は「率直」と書くのが正しかったが、「卒直」とも書かれるようになった。しかし、依然として「率直」のほうが正統。

いっしょうけんめい

○ 一生懸命　△ 一所懸命

昔の武士が一所の領地を懸命に守ったことから「一所懸命」という言葉が生まれたが、現在では「一生懸命」と書くことが普通となっている。

さがす

○ 探す　△ 捜す

「落とした財布を捜す」のようにあるはずのものをさがすのが「捜す」。「デパートで新発売の財布を探す」のように、欲しているものをさがすのが「探す」。「探す」は「捜す」の意味を含むので迷ったときは「探す」を選ぶのが無難。

たんけん

○ 探検　△ 探険

「検」には「調べる」という意味が、「険」には「危ない」という意味がある。そのため、「探検」では「探って調べる」、「探険」では「危ないところを探る」という具合にニュアンスに違いがある。

PART ②

ことわざ・慣用句編

上手に使えば、

とても便利で**一目おかれる**
「ことわざ」や
「慣用句」は、

意味や表現が**特殊**な分
「勘違い」しやすい言葉です。

正しい表現を**マスター**して
使いこなしましょう。

....

2-1 意味を間違いやすい
ことわざ・慣用句

2-2 読み間違いやすい
ことわざ・慣用句

2-3 言い間違いやすい
ことわざ・慣用句

2-4 書き間違いやすい
ことわざ・慣用句

....

意味を間違いやすいことわざ・慣用句

次の言葉の意味として正しいのはどちらですか

問01 「天に唾する」

① 自分の行いが原因でわざわいがふりかかること。

② 天を冒瀆するような傲慢なふるまいをすること。

問02 「情けは人のためならず」

① 人に情けをかければ巡り巡って自分に返ってくるものだ。

② 人に情けをかけることは本人の自立のために良くない。

問03 「斜に構える」

① 改まった態度をとる。

② 皮肉な態度をとる。

答えと解説

問01 ①

天に向かって唾を吐けば、自分の顔に落ちてくる。人に害を加えようとすると自分に返ってくるという意味である。天を冒瀆するという意味ではない。

問02 ①

意味を取り違えやすいことわざの代表例であろう。この言葉の本来の意味は①の「人に情けをかければ巡り巡って自分に返ってくる」というもの。②の意味で使うのは誤りだ。

問03 ①

今日では、もっぱら「皮肉な態度をとる」という意味で使われるが、元々は剣道で剣先を斜めに構えることに発し、「改まった態度をとる」の意味で使われた。②も誤りとはいえないが、本来は①の意味である。

次の言葉の意味として
正しいのはどちらですか

問04 「前門の虎後門の狼」

① 窮地に追い詰められること

② 災いが次々にふりかかること

問05 「瓜の蔓に茄子はならぬ」

① 「鳶が鷹を生む」と同じ意味。

② 「蛙の子は蛙」と同じ意味。

問06 「気が置けない」

① 気の許せない。

② 遠慮のいらない。

問07 「言を左右にする」

① きっぱりと答える。

② 言葉を濁してはっきり言わない。

答えと解説

問04 ②

「前門で虎を防いでいると、後門から狼が襲ってくる」の意。災難が次々にふりかかることのたとえである。

問05 ②

平凡な親からは平凡な子しか生まれないことのたとえである。

問06 ②

「気が置けない」を「気が許せない」の意味で使うのは誤り。

問07 ②

言葉が左に行ったり右に行ったりする。はっきりと定まらないのである。

次の言葉の使い方として
正しいのはどちらですか

問08 「色をなす」

① 審判の不当な判定に対して**色をなして**抗議する。

② 彼女は出勤途中で忘れ物に気づき、**色をなして**取りに帰った。

問09 「顰みに倣う」

① 御社もわが社の**顰みに倣って**社内禁煙をされてはいかがでしょう。

② 小生も世間の**顰みに倣って**パソコンなるものを始めました。

問10 「流れに棹さす」

① 彼はひねくれ者だから、**流れに棹さす**ようなことばかりする。

② 世の中の動きに従い、**流れに棹さす**ような生き方をする。

問11 「下にも置かぬ」

① 村の人々はとても親切で、旅人を**下にも置かず**にもてなした。

② その国では**下にも置かぬ**扱いを受け、我々はひどく憤慨した。

答えと解説

問08 ①

「色をなす」は怒って顔色を変えるさまをいう。②のように、びっくりしたり、うろたえたりする場合に使う言葉ではない。それをいうなら「色を失う」だろう。

問09 ②

昔の中国で、西施という美女が胸を病んで眉をひそめたところ、他の女たちもこぞって真似をしだしたという故事に由来する。無批判に人の真似をすることをいい、謙遜の言葉としても用いる。他人の行為に対してこの言葉を使うのは失礼にあたる。

問10 ②

「流れに棹さす」は棹を操って舟を進めること。棹で加速をつけるのである。そこから、時流に乗ることを意味するようになった。夏目漱石の「情に棹させば流される」(「草枕」) は、「他人に同情すれば」の意味である。

問11 ①

「下にも置かぬ」は「下座に着かせないようにする」ということ。すなわち「丁重に扱う」という意味だ。「下座にすら着かせない」の意味ではない。

次の言葉の使い方として
正しいのはどちらですか

問12 「柳眉を逆立てる」

① 社員の失態に女社長が**柳眉を逆立ててている**。

② はげ頭の課長が**柳眉を逆立てて**怒っている。

問13 「なさぬ仲」

① 彼女は後妻なので、その子とは**なさぬ仲**である。

② 二人は親しく付き合ううちに、**なさぬ仲**になってしまった。

問14 「砂をかむような」

① 応援しているチームが負けて**砂をかむような**思いだった。

② **砂をかむような**単調な毎日を送っている。

問15 「まんじりともしない」

① 翌日のことが気になって、一晩中**まんじりともしなかった**。

② 朝顔の開花の様子を**まんじりともしない**で見つめる。

答えと解説

問12 ①

「柳眉を逆立てる」は美しい女性が怒りをあらわにするさまをいう。男性の場合には使わない。最近は眉毛の手入れをする男性も増えているが、柳のような眉といえば、やはり女性のものだろう。

問13 ①

「なさぬ仲」は「生さぬ仲」と書く。「生んでいない仲」、つまり、血のつながりのない間柄ということだ。「道ならぬ仲」など、「仲」の付く語には恋愛関係を表すものが多いせいか、②のような誤用をしてしまう人が跡を絶たない。

問14 ②

「砂をかむような」とは無味乾燥で味気ないことのたとえ。砂を口に入れても味もそっけもないことからこう言われるようになった。①のような、くやしい気持ちを表す言葉ではない。

問15 ①

「まんじり」はちょっと眠るさまを表す言葉。よって「まんじりともしない」は「全く眠らない」の意味となる。「まんじり」は、「じっと見つめる」の意味で使われることもあるが、その場合は「まんじりともせずに見る」ではなく「まんじりと見る」となる。

次の言葉の使い方として正しいのはどちらですか

問16 「五指に余る」

① 彼はその道では世界でも**五指に余る**名人だ。

② この映画には**五指に余る**大スター達が競演している。

問17 「愁眉を開く」

① 事態の改善に**愁眉を開く**。

② 最悪の事態に**愁眉を開く**。

問18 「雨後の筍」

① **雨後の筍**のようにビルが建つ。

② **雨後の筍**のように背が伸びる。

問19 「煮え湯を飲まされる」

① 部下に**煮え湯を飲まされる**。

② ライバルに**煮え湯を飲まされる**。

答えと解説

問16 ②

「五指に余る」は五本の指では数え切れないということ。つまり「五つ以上ある」という意味である。①のような場合は「五指に余る」ではなくて、「五指に入る」とすべきだろう。

問17 ①

「愁眉」とは「憂いを含んだ眉」。これを「開く」というのだから、「憂いが晴れる」の意味である。

問18 ①

「雨後の筍」は似たような物事が次々に生じることのたとえである。

問19 ①

「煮え湯を飲まされる」は、信用していた相手に裏切られてひどい目にあうことをいう。

読み 間違いやすい ことわざ・慣用句

次の太字の部分で、 本来の読み方はどちらですか

問01 「世界の名優たちが**綺羅星のごとく**居並んでいる」

① きらぼしのごとく

② きらほしのごとく

問02 「**一日**の長」

① いちにちのちょう

② いちじつのちょう

問03 「**病膏肓**に入る」

① やまいこうもうにいる

② やまいこうこうにいる

問04 「**有為**の士」

① ういのし

② ゆういのし

答えと解説

問01 ②

「綺羅」は「きれいな衣服」の意味。「綺羅星のごとく」は本来「きら、ほしのごとく」と読み、美しく着飾った輝くような人々が星のように居並ぶ様子を表した。「綺羅星」という言葉はこれを誤って続けて読んだ結果、定着したもの。

問02 ②

「いちじつ」と読む。他の人より経験や技能が一歩勝っていることを表す。

問03 ②

「膏肓」は身体で最も治療の難しい所のこと。重い病気になって治しがたいことをいう。

問04 ②

「有為」は「うい」とも「ゆうい」とも読むが、この場合は後者。「有為の士」とは才能のある人のこと。

次のことわざを
正しく読みましょう

問05 「読書百遍義自ずから見る」

❗ヒント 「勉強しろ」とガミガミ言うより、この言葉を例に出して激励するといいかも。

問06 「鴛鴦の契り」

❗ヒント 「鴛」は雄のオシドリ、「鴦」は雌のオシドリ、ということは……？

問07 「宴も酣」

❗ヒント 飲み会でよく使う定型フレーズ。「宴も酣でございますが」

問08 「子は鎹」

❗ヒント 「豆腐に鎹」ということわざに出てくる「鎹」も同じもの？

問09 「阿吽の呼吸」

❗ヒント 神社にある狛犬は何と何の対？

答えと解説

問05 読書百遍義自ずから見る

難しい書物も何度も読んでいれば自然とわかるようになる。「義」は「意味」、「見」は「現」の意。

問06 鴛鴦の契り

仲のよい夫婦であることのたとえ。つがいの鴛鴦が、仲良く一緒にいることから。

問07 宴も酣

酒席が最高潮に盛り上がっていること。「竹縄」ではなく「酣（闌）」。

問08 子は鎹

子どもへの愛情から夫婦の絆が保たれることのたとえ。「鎹」は木材と木材をつなぎ止める道具。

問09 阿吽の呼吸

物事をする際、息が合っていること。梵語で、「阿」は口を開いて発音する最初の音、「吽」は口を閉じて発音する最後の音。

次のことわざを
正しく読みましょう

問10 「会稽の恥を雪ぐ」

⚠️ヒント 越王「勾践」は呉王「夫差」に会稽山で降伏。

問11 「奇貨居くべし」

⚠️ヒント 「奇貨」は、珍しい品物ということ。手に入れておけば……。

問12 「驥尾に付す」

⚠️ヒント 「驥」は名馬のこと。そのしっぽに付いて行けば……。

問13 「久闊を叙する」

⚠️ヒント 同窓会やクラス会の招待状にあったような。

問14 「琴瑟相和す」

⚠️ヒント 「瑟」は大型の琴。結婚式で聞く言葉。

答えと解説

問10 会稽の恥を雪ぐ
かいけい はじ すす

苦労をして以前受けた屈辱を晴らす。中国春秋時代、会稽山で敗れた勾践は、長年の辛苦の後に夫差に勝って名誉を回復。

問11 奇貨居くべし
き か お

チャンスは逃さずに利用せよということ。王子の子、子楚が人質のとき、秦の商人・呂不韋が援助し、後に大臣になったという故事による。

問12 驥尾に付す
き び ふ

優れた人を見習って成功する。千里を走る名馬のしっぽに止まっていた青蠅が遠くまで行けたことから。

問13 久闊を叙する
きゅうかつ じょ

久しぶりの挨拶をして無沙汰をわびる。「久闊」は、長い間会わなかったり、手紙を出さなかったりすること。

問14 琴瑟相和す
きんしつあい わ

夫婦の仲がとてもよいようす。琴と瑟の合奏は音色がとても合う。そのように夫婦の仲がむつまじいこと。

次のことわざを
正しく読みましょう

問15 「謦咳に接する」

!ヒント 偉い人の講演のあと、お礼を言うときに使う。

問16 「社会の木鐸」

!ヒント ジャーナリズムは、こうであっていただきたい。

問17 「出藍の誉れ」

!ヒント 先生より偉くなるなんて、ちょっとナマイキ。

問18 「人口に膾炙する」

!ヒント 誰でもおいしい物は大好き。

問19 「端倪すべからず」

!ヒント 大物が考えることは凡人にはどうも……。

答えと解説

問15 謦咳に接する

尊敬している人に会い、直接話を聞く。「謦咳」は咳払いの意。咳払いを聞けるのも光栄だということ。

問16 社会の木鐸

世の人を目覚めさせ、正しく導くもの。「木鐸」は、古代中国で広く国民に知らせることがあったときに使った大きな鈴。

問17 出藍の誉れ

弟子がその師より優れていること。中国の書物「荀子」にある「青は藍より出でて藍より青し」という言葉から。

問18 人口に膾炙する

世間の人々に広く知れ渡る。おいしい食べ物として「膾」と「炙」が多くの人にもてはやされたことから。

問19 端倪すべからず

全貌が見えない。「端」は糸口、「倪」は果て。「端倪」で物事の始めと終わり、限りという意味になる。

次のことわざを
正しく読みましょう

問20 「竹帛に垂る」

!ヒント きちんと努力すれば将来は有望。

問21 「呑舟の魚」

!ヒント 文字通りの意味。

問22 「嚢中の錐」

!ヒント 入学式のときから、アイツ目立っていたなあ。

問23 「掉尾を飾る」

!ヒント 「たくび」と読まないように注意。

問24 「立錐の余地もない」

!ヒント たとえば、連休前の新幹線の中がこんな状態。

答えと解説

問20 竹帛に垂る

後世に名を残す。「竹帛」は竹の札と布のことで、書物を表す。書物にのるような功績を上げる意。

問21 呑舟の魚

大人物のこと。「呑舟の魚は枝流に游がず」は、「大人物は、小さなことにはこだわらない」の意。

問22 囊中の錐

優秀な人は大勢の中でも目立つこと。「囊(袋)」の中に錐を入れても先が出てしまうから。

問23 掉尾を飾る

物事の最後を立派に締めくくる。「掉尾」は「とうび」とも読む。

問24 立錐の余地もない

人が多くて、すき間が少しもない。先の細い錐を突き立てることもできないくらいに混んでいる意。

言い間違いやすいことわざ・慣用句

次の文で □ にあてはまる言葉はどちらですか

問01「彼は □ 大投手だ。」

① 押しも押されぬ

② 押しも押されもせぬ

問02「警察はその事件について、□ 調べ上げた。」

① 微に入り細にわたって

② 微に入り細を穿って

問03「相手の言葉に合いの手を □ 。」

① 入れる

② 打つ

答えと解説

問01 ②

「押しも押されもせぬ」は、だれからも
実力を認められ、ゆるぎない地位を占め
ていること。これが同じ意味の「押すに
押されぬ」と混同され、「押しも押されぬ」
という妙な言い方が広まってしまった。
もちろんこれは誤りである。

問02 ②

極めて細かいことまで気を配ることを、
「微に入り細を穿つ」という。「微に入り
細に入り」「微に入り細にわたる」など
の言い方も辞書によっては載せている
が、本来は②が正しい。

問03 ①

「合いの手」は「間の手」とも書き、会
話の間などにはさむ言葉や動作を表す。
「合いの手」は「入れる」または「はさむ」
ものであって、「打つ」ものではない。「打
つ」とするなら「相槌」だろう。

次の文で ☐ にあてはまる言葉はどちらですか

問04　「交際を申し込んだが、☐ 断られた。」

① 取り付く暇もなく

② 取り付く島もなく

問05　「彼女は誰に対しても ☐。」

① 愛想をふりまく

② 愛嬌をふりまく

問06　「取引先と会談するときは、問題が発生しないように上司と ☐。」

① 口車を合わせる

② 口裏を合わせる

問07　「まったく泣く子と ☐ には勝てないなあ。」

① 地蔵

② 地頭

答えと解説

問04 ②

「取り付く島もない」とは、「どこにすがりついていいのか、手がかりすら見つからない」の意。「島」には「頼りになるもの」「よすが」の意味がある。

問05 ②

「愛想がいい」とはいうが、「愛想をふりまく」とはいわない。「愛嬌」とは、人から好感をもたれる態度や仕草のことをいう。

問06 ②

「口裏を合わせる」は、あらかじめ当人同士の間で約束をして、話の内容が食い違わないようにすること。「口車」は、「口車に乗せる」と使い、「うまい話で人をだます」の意。

問07 ②

「泣く子と地頭には勝てぬ」は、道理の通らない相手には勝ち目がないという意味のことわざである。「地頭」とは、昔、荘園を管理して税を徴収した者のこと。地頭の横暴さにかけて、泣く子の聞き分けのなさを表現したのである。

問08 「☐ の望みを託す。」

① 一縷（いちる）

② 一抹（いちまつ）

問09 「景気が上向きになり、将来を見越して
☐ をする会社があとを絶たない。」

① 青田買い

② 青田刈り

問10 「どちらが正しいか、☐ べきだ。」

① 黒白をつける

② 白黒をつける

問11 「今日は引っ越しで、☐ 大騒ぎ
だった。」

① 上を下への

② 上へ下への

答えと解説

問08 ①

「一縷」も「一抹」も「ほんのわずかな」という意味の言葉。ただし「一縷」は「望み」、「一抹」は「不安」の場合に使うのが普通だ。「一抹の望み」「一縷の不安」とはいわない。

問09 ①

「青田買い」とは、収穫を見越して十分に実っていない稲を買い取ること。転じて、卒業前の優秀な学生と早々に内定契約を結ぶことをいう。一方「青田刈り」は十分に実らない稲を刈り取ってしまうこと。そうすると、若い人材を駄目にしてしまうという意味にもなりかねない。

問10 ①

最近では「白黒をつける」という言い方のほうが一般的だが、「黒白を争う」が本来の言い方。「黒白」は「善悪」「正邪」など、違いの明らかなものを表す。他に「黒白を弁ぜず（＝物事の是非の判断がつかない）」などの言葉がある。

問11 ①

「上を下への大騒ぎ」の「上を下へ」とは、「本来上にあるべきものを下にする」という意味。つまり、収拾のつかないほどの混乱ぶりを表す。したがって、「上へ下への」という言い方は誤り。

次の文で ☐ にあてはまる言葉はどちらですか

問12 「余計なことは考えるな。☐だ。」

① 下手な考え休むに似たり

② 下手の考え休むに似たり

問13 「あの二人、どうやら ☐ に火がついたようだ。」

① やけぼっくり

② やけぼっくい

問14 「人見知りなので、初対面の人とは緊張して ☐。」

① 間が持てない

② 間が持たない

問15 「儲け話に食指を ☐。」

① 動かす

② 伸ばす

答えと解説

問12 ②

「(将棋などで) 下手な人がいくら考えても、何もしないで休んでいるのと同じことだ」という意味のことわざ。この場合の「下手」とは、「下手の横好き」「下手の長談義」と同様に、「下手な人」の意味である。したがって「下手な考え」とするのは誤りだ。

問13 ②

「やけぼっくい」とは、「焼け棒杭」のことで、「燃えさしの切り株」を意味する言葉。燃えさしの木は火がつきやすく、それはあたかも、一度別れた男女に再び恋の炎が点火しやすいのと同様だというわけである。

問14 ①

「間が持てない」は、会話が途切れてしまい、時間を持て余すこと。

問15 ①

昔、鄭の公子宋が、自分の人差し指 (食指) が動くのを見て、ご馳走にありつける前兆だと思ったとの故事から、野心を起こすことを「食指が動く」という。「食指を伸ばす」とする誤りは、「触手を伸ばす」との混同からだろう。

次の文で □ にあてはまる言葉はどちらですか

問16 「軽率な行動は慎みたまえ。□ というだろう。」

① 「李下に冠を正す」

② 「李下に冠を正さず」

問17 「彼はその店がたいそう気に入ったらしく、□ 通うようになった。」

① 三日にあけず

② 三日にあげず

問18 「ワインについての蘊蓄を □。」

① たれる

② 傾ける

問19 「この優勝は □ 努力の賜物にほかならない。」

① たゆまざる

② たえまざる

答えと解説

問16 ②

「李下に冠を正さず」で、自ら嫌疑を招くような行動はさけるべきだという意味。李の木の下では、実を盗んだと疑われないように、冠をかぶり直さないようにすべきだという故事に由来する。「瓜田に履を納れず」ともいう。

問17 ②

「三日にあげず」は「三日の間もおかずに」「ほとんど毎日のように」という意味の言葉。「あげず」は「間をおかず」という意味を表す。ややこしいようだが、「間を空けない」の意味の「空けず」ではないので注意したい。

問18 ②

「蘊蓄」とは「積み蓄えたもの」の意。学問・技芸における深い知識を指す。博識ぶった人に対する嫌味を込めて、「蘊蓄をたれる」などと表現されることも多いが、「傾ける」が正しい。

問19 ①

「たゆまざる」は「弛まざる」と書く。「(努力などを)怠らない」の意味。「たゆまぬ」ともいう。

問20 「彼はいつも □ ようなことをして人を困らせる。」

① 横車を入れる

② 横車を押す

問21 「計画が頓挫し、□ 状態になってしまった。」

① 後へも先へも引けぬ

② 後へも先へも行かぬ

問22 「前回の失敗の雪辱を □ と意気込む。」

① 果たそう

② すすごう

問23 「 □ 手から水が漏れる。」

① 上手の

② 上手な

答えと解説

問20 ②

「横車を押す」は、道理に合わないことを無理に押し通すことをいう。「邪魔をする」の意味の「横槍を入れる」との混同に注意。

問21 ②

「後ろへも前へも行けない状態」という意味で、進退窮まった状態を表す。「後へも先へも引けぬ」とする誤りが多いのは、「後に引けぬ」との混同が原因であろう。

問22 ①

「雪辱」とは「恥をすすいで名誉を取り戻す」こと。「雪」には「すすぐ」の意味があるので、「雪辱をすすぐ」では意味が重複してしまう。

問23 ①

「上手」は「技術がすぐれた人」の意味。どんなに技術がすぐれた人でも、失敗することもあることをいう。

次のことわざ・慣用句で
正しいのはどちらですか

問24 「心血を ☐ 」

① 新プロジェクトに心血を**傾ける**。

② 新プロジェクトに心血を**注ぐ**。

問25 「眉を ☐ 」

① 眉を**しかめる**。

② 眉を**ひそめる**。

問26 「汚名を ☐ 」

① 汚名を**挽回する**。

② 汚名を**返上する**。

問27 「火蓋を ☐ 」

① 論争の火蓋を**切る**。

② 論争の火蓋を**落とす**。

問28 「疑心暗鬼を ☐ 」

① 疑心暗鬼を**持つ**。

② 疑心暗鬼を**生ず**。

答えと解説

問24 ②

「全身全霊を傾ける」とはいうが、「心血を傾ける」とはいわない。「心血」は「注ぐ」が正しい。

問25 ②

「眉をひそめる」が正しい。「しかめる」ものは「顔」である。

問26 ②

①は「名誉を挽回（ばんかい）する」の誤り。「汚名」は「返上する」または「すすぐ」ものだ。

問27 ①

「火蓋を切る」で、「戦いなどが始まる」の意。

問28 ②

「疑心暗鬼を生ず」で疑いだすとすべてが疑わしくなり、信じられなくなること。

次のことわざ・慣用句で正しいのはどちらですか

問29 「□□□に陽に」

① **陰**に陽に援助する。

② **暗**に陽に援助する。

問30 「□□腹をさぐられる」

① **痛い**腹をさぐられる。

② **痛くもない**腹をさぐられる。

問31 「舌の□□の乾かぬうちに」

① 舌の**先**の乾かぬうちに嘘をつく。

② 舌の**根**の乾かぬうちに嘘をつく。

問32 「苦汁を□□□」

① 敗戦の苦汁を**なめる**。

② 敗戦の苦汁を**味わう**。

問33 「手塩□□□」

① 手塩**をかけて**育てる。

② 手塩**にかけて**育てる。

答えと解説

問29 ①

「かげになりひなたになり」の意味。「陰陽（いんよう）」などというように「陽」に対応する語は「陰」である。

問30 ②

何らやましい所がないにもかかわらず嫌疑をかけられること。「痛い腹」ではやましさがあることになってしまう。

問31 ②

すぐに前言を翻（ひるがえ）すさまをいう慣用句。「舌先三寸」との混同か、①のような誤りも目立つ。

問32 ①

「苦汁をなめる」が正解。ただし「苦汁」ではなく「苦渋」ならば「味わう」で正しい。

問33 ②

「手塩にかけて」とは、一対一で熱心に育てるさまをいう。「手塩をかけて」とはいわない。

次のことわざ・慣用句で正しいのはどちらですか

問34 「間尺（ましゃく）に ____」

① 間尺に**合う**仕事だ。

② 間尺に**合わない**仕事だ。

問35 「人の噂も ____」

① 人の噂も**四十五日**。

② 人の噂も**七十五日**。

問36 「二の舞を ____」

① 二の舞を**踏む**。

② 二の舞を**演ずる**。

問37 「____ に誓って」

① **天地天命**に誓って私は無実だ。

② **天地神明**に誓って私は無実だ。

問38 「____ 三寸」

① **口先**三寸で人を丸め込む。

② **舌先**三寸で人を丸め込む。

答えと解説

問34 ②

普通、否定形で使って「割に合わない」の意味を表す。

問35 ②

「七十五日」が正しい。

問36 ②

本来は「二の舞を演ずる」が正しい。辞書によっては「二の舞を踏む」を許容する向きもある。

問37 ②

「神明」は「神」の意。一方「天命」は「天の命令」の意味で、「誓う」対象としてはおかしい。

問38 ②

「口先」は「上辺だけの言い草」の意味を表すが、「口先三寸」とはいわない。

書き間違いやすいことわざ・慣用句

次の太字の部分で
正しい漢字はどちらですか

問01「袖振り合うも**たしょうのえん**」

① 多生の縁

② 多少の縁

問02「**たつせがない**」

① 立つ瀬が無い

② 立つ背が無い

問03「**しゅうはをおくる**」

① 秋波を送る

② 愁波を送る

問04「**言**をまたない」

① 言を待たない

② 言を俟たない

103

答えと解説

問01 ①

見知らぬ人同士が道で袖を触れ合うのも、決して偶然ではなく、深い宿縁によるものだという意味のことわざ。「多生」は「他生」とも書き、何回も生まれ変わることを表す。

問02 ①

面目を失って苦境に陥ること。「立つ瀬」とは「立場」「面目」の意味である。

問03 ①

「秋波」とは「女性の色っぽい目つき」のこと。「愁い」の意味ではない。

問04 ②

「あらためて言うまでもない」の意味。「俟つ」は「期待する」の意。

日本には、人気の三国志など中国の古代の逸話から
生まれた故事成語が多数あります。そんな故事成語
をいくつか成り立ちとともにご紹介します。

鼓腹撃壌 神話◆尭

平和であること

尭は、帝位について五十年。自分のしてきた政が正
しかったのか町へ出てみた。すると、人々はのんび
り暮らし、政には関心がないようだった。自分の政
は正しかったのだ。そう言いながら、尭はちょっと
だけ寂しかった。

傾国 春秋時代◆褒姒

国を滅ぼしてしまうほどの
絶世の美女

周の幽王の寵愛を受けた美女褒姒。滅多に笑わない
褒姒を笑わせたい一心で、敵が攻めてもこないのに、
諸侯を集める烽火を上げると褒姒は笑った。何度も
続けるうちに諸侯は誰も信じなくなり、本当に敵が
攻めてきても誰も助けに来ず、幽王は褒姒とともに
殺されてしまった。

羊頭狗肉 春秋時代◆晏子

見かけは立派だが、
中身はお粗末なこと

斉の霊公は、男装をした女性が好みで、後宮の女性
に男装をさせ楽しんでいた。これが、民衆に広まり、
男装をする女性が増えたが、霊公は風紀の乱れとし
て一般の女性の男装を禁止した。晏子はこれは、羊
の頭を掲げて犬の肉を売るようなこと（みせかけだ
けの詐欺）だと諫めた。霊公が宮中でも男装を禁じ
ると、一般の女性達も男装をしなくなった。

杞憂 戦国時代◆列子

将来のことについて、無用の心配をすること

杞という国に、天が落ちてつぶされてしまうことを常に心配し、寝ることもままならない人物がいたことから。ただ、最近は大丈夫なはずの天井が落ちてくることもあるので、杞憂とまではいかなくとも注意は必要。

羹に懲りて膾を吹く 戦国時代◆屈原

失敗に懲りて無駄な用心をすること

「羹」は「スープ」、「膾」は生の和え物・サラダ。スープが熱かったので、冷たい和え物に息を吹きかけて冷まそうとするのは愚かだということ。この時代、中国では和え物を食べていたが、近年の中国では食中毒を防ぐためか、寿司がはやるまで食べようとはしなかった。

完璧 戦国時代◆藺相如

欠点がなく優れていること

趙の藺相如が、国の至宝「和氏の璧」という宝石を、十五の城と交換するという敵国から、傷一つ付けずに持ち帰ったことから「璧を完す」＝「完璧」という言葉になった。ちなみに「璧」は「壁」ではなく、下の部分が「玉」。

逆鱗に触れる 戦国時代◆韓非子

目上の人間の機嫌を損ねること

韓非子は「竜は、喉の下にある逆さの鱗に触れた者を殺してしまう。人にも竜のような逆鱗がある」と言って、君子の寵を失うことは死を意味すると説いた。だが、韓非子に嫉妬した宰相・李斯によって秦の始皇帝の寵を失った韓非子は、獄中で命を絶つのであった。

鹿を指して馬と為す　秦◆胡亥(こがい)・趙高(ちょうこう)

威圧して無理を押し通すこと

秦の二世皇帝胡亥以上に権力を握った宦官(かんがん)の趙高は、自分の力を確認するため、胡亥の前に鹿を引き出し、「この馬を陛下に献上致します」と言った。胡亥は笑うが、周囲は趙高にへつらい「馬です」と言った。「鹿」と言った人間は後日殺害されたという。

狡兎(こうと)死(し)して良狗(りょうく)烹(に)らる　秦～漢◆韓信(かんしん)

平和になると、優れた人物は殺される

兎がいなくなれば、兎を狩るための猟犬は必要なくなる。楚の項羽が滅んだので、猟犬＝自分は必要がなくなり、殺されてしまうという韓信の最後の言葉。韓信は、劉邦よりも強力な軍を抱えていたが、それが逆に劉邦の不安の元となり、反乱を起こしたとされ、殺されてしまう。

塞翁(さいおう)が馬　漢◆劉安(りゅうあん)

世の中の吉兆禍福は予想がつかないということ

塞翁の馬が逃げた。周囲は塞翁を慰めたが、塞翁は何が幸福かはわからないと笑っていた。すると逃げた馬は、異国の駿馬(しゅんめ)を連れて戻ってきた。これは劉安が書いた「淮南子(えなんじ)」という書にある話。「人間万事(にんげんばん)塞翁が馬」という名言は元の時代の詩にこの故事が歌われたもの。

鶏肋(けいろく)　三国時代◆曹操(そうそう)

どうしても欲しいわけではないが、捨てるには惜しいもののこと

劉備(りゅうび)に漢中(かんちゅう)を奪われた曹操は、漢中を「食べるところはないが、捨てるのは惜しい鶏肋（鶏ガラ）のようなもの」と表現。結局曹操は、それ以上犠牲を出すことをよしとせず、鶏ガラを捨てることとなった。

書き間違いや読み間違い、
分かっていると思って
誰もがうっかりして
しまいがちな漢字。
誤読多発漢字から
読めると気持ちいい
難読漢字まで
しっかりと確認していきましょう。

誰もがハマる
誤読多発漢字

次の太字の部分で
本来の読み方はどちらですか

問01 「百メートル走は韋駄天（い だ てん）の異名を持つ彼の**独擅場**だった。」

① どくせんじょう

② どくだんじょう

問02 「彼とは**入魂**の仲です。」

① じっこん

② にゅうこん

問03 「気難しがり屋の彼が珍しく**相好**を崩した。」

① そうこう

② そうごう

問04 「**奇しくも**娘の誕生日は祖父の命日と同じであった。」

① きしくも

② くしくも

答えと解説

問01 ①

思うままに活躍するさまを「独擅場」という。「擅」が「壇」の字と似ているため、「どくだんじょう」と誤読され、「独壇場」という新語が生まれた。もともと「独壇場」という言葉は存在しなかったのである。

問02 ①

「にゅうこん」と読むこともできるが、「にゅうこんの仲」とはいわない。「入魂」は「心やすい」「親しい」の意味で、「昵懇」とも書く。

問03 ②

「表情を崩して、にこにこにする」ことを「相好を崩す」という。「相好」は元来は仏教の用語で、仏の端厳微妙な容貌を形づくるさまざまな優れた特徴を指す「三十二相八十種好」という言葉から。転じて「顔つき」「容姿」の意味で使われるようになった。

問04 ②

「不思議にも」の意味を表す「奇しくも」は、文語の「奇し」の連用形に助詞「も」の付いたもの。したがって「きしくも」とは読まない。

次の太字の部分で
本来の読み方はどちらですか

問05 「贖罪」

①
とくざい

②
しょくざい

問06 「完遂」

①
かんすい

②
かんつい

問07 「言質」

①
げんしつ

②
げんち

問08 「憧憬」

①
どうけい

②
しょうけい

問09 「頌春」

①
こうしゅん

②
しょうしゅん

答えと解説

問05 ②

「罪をつぐなうこと」の意。「とくざい」は誤読。

問06 ①

「完遂」は完全にやりとげること。「かんつい」は誤読である。

問07 ②

「げんしつ」は誤読。「後々の証拠となる言葉」の意味。

問08 ②

「あこがれ」の意味。本来は「しょうけい」だが、「どうけい」という読み方も認められている。

問09 ②

年賀状などの挨拶（あいさつ）の言葉。「こうしゅん」と読むのは誤りで「しょうしゅん」が正しい。

読めると
うれしい
難読漢字

次の漢字を
正しく読みましょう

猛者	呆気
行脚	呂律
市井	漸進
伝播	読点
凸凹	稀有

113

答えと解説

もさ・もうざ
実力があって、他から恐れられている者。

あっけ
驚きあきれるさま。

あんぎゃ
僧が諸国を巡って修行をすること。

ろれつ
言葉の調子。「呂律が回らない」

しせい
いちいでは市井の人に笑われる。町なか。ちまた。

ぜんしん
ざんしん（斬新）と混同注意。徐々に進むこと。

でんぱ
伝わり広まること。

とうてん
「、」のこと。「。」は句点。

でこぼこ・とつおう
「凹凸」なら「おうとつ」となる。

けう
まれであること。めったにないこと。

柿落とし	叢書
更迭	遊説
庫裏	祝詞
無聊	無碍
暫時	駆逐
失墜	松明
反古	流布

答えと解説

こけらおとし
劇場が新築、改築後に初めて行う興行。「柿」は「柿」とは別の漢字なので要注意。

そうしょ
一連の書物。シリーズ本。

こうてつ
ある地位や役職にある人を代えること。

ゆうぜい
自分の意見などを説いて歩くこと。

くり
寺の台所。また、住職やその家族が住む場所。

のりと・しゅくし
神道で神官が読み上げる文章。

ぶりょう
何もすることがなく、退屈なこと。

むげ
障害のないこと。

ざんじ
しばらく。少しの間。せんじは「漸次」と書く。

くちく
追い払うこと。

しっつい
しったい（失態）と混同しないで。信用・権威などが落ちること。

たいまつ
松や竹などを束ねて火をつけた照明。

ほご
書き損じの紙。約束を破ること。

るふ
世の中に広まること。

悪寒	手水鉢
陶冶	云々
好事家	健気
還俗	納戸
豚児	下衆
灰汁	婉曲
均衡	内裏

答えと解説

おかん
具合が悪いときに起こる寒気。

ちょうずばち
手を洗う水を入れてある鉢。

とうや
人格や才能を高めること。

うんぬん
あとの言葉を略すときに使う言葉。あれこれ言うこと。

こうずか
物好きな人。

けなげ
態度や心がけがしっかりしていること。

げんぞく
出家した人が、また元の俗人に戻ること。

なんど
衣類や調度類等をしまっておく部屋。

とんじ
自分の子どもをへりくだって言う呼び方。

げす
身分の低い者。品性の劣る者。

あく
野菜などに含まれる渋み。きつい個性。

えんきょく
表現が遠まわしなさま。

きんこう
釣り合いがとれていること。

だいり
天皇の住む所。皇居。

拵える	捗る
殺ぐ	掬う
孕む	操る
戦く	掠める
辷る	拗ねる
窄む	竦む
僻む	寛ぐ

答えと解説

こしらえる
作り出す。

はかどる
仕事などが順調に進む。

そぐ
切り落とす。なくす。
「興を殺ぐ」

すくう
液体などをくみとる。
「谷川の水を掬って飲む」

はらむ
妊娠する。含み持つ。
「危険を孕む」

くすぐる
皮膚に触れてこそばゆい気持ちにさせる。

おののく
恐怖でふるえる。

かすめる
盗み取る。または間近を通り過ぎる。

すべる
なめらかに進む。また、失敗する。「手が辷る」

すねる
不満があって素直でない態度をとる。

すぼむ
縮んで小さくなる。細くなる。

すくむ
緊張のあまり動けなくなる。

ひがむ
物事をねじ曲げて考える。

くつろぐ
ゆったりと心身を休める。リラックスする。

漲る	恔える
毟る	訝る
焼べる	蹲る
戦ぐ	扱く
衒う	曝す
窄める	燥ぐ
啜る	嗾す

答えと解説

みなぎる
満ちあふれる。いっぱいに広がる。

こらえる
我慢する。たえる。

むしる
毛などをつかんで引き抜く。

いぶかる
あやしむ。疑う。

くべる
火の中に薪などを加える。

うずくまる
体を丸めてしゃがみこむ。

そよぐ
風でそよそよと揺れる。

しごく
細長いものを握ってこする。また、厳しく訓練する。

てらう
見せびらかす。ひけらかす。

ぼかす
ぼんやりとさせる。

たしなめる
注意する。叱る。

はしゃぐ
浮かれて騒ぐ。調子づいて騒ぐ。

すする
口に吸い入れる。「うどんを啜る」

そそのかす
人を言い含めてある事をやらせる。

夥しい	喧しい
忝い	疚しい
覚束無い	恙無い
徐に	強ち
挙って	吝か
笊	盥
閂	鎹

答えと解説

おびただしい
数量が非常に多い。

やかましい
うるさい。

かたじけない
ありがたい。

やましい
良心がとがめるさま。
後ろめたい。

おぼつかない
疑わしい。頼りない。

つつがない
元気で無事なさま。

おもむろに
何かをゆっくりと行
うさま。

あながち
必ずしも。一概に。「強
ち間違いではあるま
い」

こぞって
皆がそろって。「挙っ
てご参加ください」

やぶさか
「吝かでない」で、努
力を惜しまないとい
う意味。

ざる
水切りなどのために
使う竹で編んだ入れ
物。

たらい
洗面器よりも大型の
器。昔は洗濯などに
利用された。

かんぬき
門戸を閉ざすための
横木。

かすがい
材木の継ぎ目を固定
する両端の曲がった
くぎ。

奭	霰
黿	篦
嚏	睫
叢	嫂
涎	匙
俤	漣
歪	鼾

答えと解説

みぞれ
とけかかった雪が雨まじりに降る現象。

あられ
水蒸気が氷結して降ったもの。

ひょう
雷雨に伴って降る大粒の氷。

へら
高級なものになると、象牙で作られたりもする。

くしゃみ
「くさめ」とも読む。鼻の粘膜が刺激されて出る症状。

まつげ
まぶたに生えている毛。

くさむら
草の生い茂った所。

あによめ
兄の妻。兄嫁。

よだれ
口から垂れたつば。

さじ
スプーン。

おもかげ
記憶に残っている顔などの印象。

さざなみ
小さな波。

いびつ
形がゆがんでいるさま。

いびき
睡眠中に呼吸と共に口・鼻から出る、うるさい音。

依怙地	困憊
猜疑	拘泥
狷介	敵愾心
耽溺	忌憚
睥睨	億劫
憧憬	克己心
憔悴	気障

答えと解説

いこじ
意地を張るさま。

こんぱい
疲れ果てること。「疲労困憊」

さいぎ
相手を信用せず、疑うこと。

こうでい
こだわること。

けんかい
偏屈で容易に人と打ち解けないさま。

てきがいしん
相手に張り合って勝とうとする気持ち。

たんでき
夢中になって他を顧みないこと。

きたん
発言を遠慮すること。「忌憚のない意見」

へいげい
横目で見ること。にらみつけること。

おっくう
面倒くさがるさま。

しょうけい
「どうけい」とも読む。あこがれること。

こっきしん
自らの怠け心や欲望に打ちかつ心。

しょうすい
心労や病気のためにやつれること。

きざ
格好をつけて気取っているさま。

潑剌	慇懃
厭世観	杞憂
執拗	贔屭
悋気	阿漕
顰蹙	忸怩
俄雨	掏摸
胡坐	交交

答えと解説

はつらつ
元気に満ちあふれているさま。

いんぎん
丁寧で礼儀正しいさま。

えんせいかん
人生は無意味なものだとする悲観的な考え。

きゆう
余計な心配。取り越し苦労。

しつよう
しつこいさま。

ひいき
自分の好きなものを特別扱いすること。「贔屓の店」

りんき
男女間のやきもち。

あこぎ
ずる賢くて貪欲なさま。「阿漕な商人」

ひんしゅく
不快感で顔をしかめること。

じくじ
恥じ入るさま。「忸怩たる思い」

にわかあめ
一時的に降る雨。

すり
人から金品をすりとること。また、そのどろぼう。

あぐら
足を組んで楽に座ること。「胡坐をかく」

こもごも
相次いで。代わる代わる。「悲喜交交」

さらりと読みたい当て字

次の言葉の当て字を
選びましょう

問01 「ローマ」

①	②	③
羅馬	呂馬	留馬

問02 「ランプ」

①	②	③
筒灯	洋灯	芯灯

問03 「アテネ」

①	②	③
安尼	西蔵	雅典

問04 「サボテン」

①	②	③
仙人頭	仙人掌	仙人脚

答えと解説

問01 ① 羅馬

「羅武」「邏媽」などとも書く。

問02 ② 洋灯

ランプは西洋式の灯火なので「洋灯」と当てる。

問03 ③ 雅典

アテネは「雅典」、「西蔵」は「チベット」。

問04 ② 仙人掌

仙人の「頭」や「脚」ではない。

次の言葉の当て字を選びましょう

問05 「もぐら」

①	②	③
土竜	穴竜	盲竜

問06 「だに」

①	②	③
床蝨	畳蝨	壁蝨

問07 「ハリウッド」

①	②	③
針林	聖林	梁林

問08 「オーロラ」

①	②	③
極光	揺光	幻光

問09 「とうもろこし」

①	②	③
玉魏黍	玉呉黍	玉蜀黍

答えと解説

問05 ① 土竜

土中をほってすむことから、「土竜」と当てる。

問06 ③ 壁蝨

「蝨」は一字で「しらみ」と読む。

問07 ② 聖林

Hollywood は、ひいらぎ（holly）の林（wood）の意味。それが、「聖なる」の意味の holy と勘違いして誤訳され「聖林」となった。

問08 ① 極光

北極・南極付近で見られる珍しい光なので、「極光」の字を当てる。

問09 ③ 玉蜀黍

とうもろこしは黍の仲間。

次の言葉の当て字を選びましょう

問10 「エチルアルコール」

①
酒髄

②
酒精

③
酒粋

問11 「ロサンゼルス」

①
羅府

②
羅港

③
羅州

問12 「とんぼ」

①
蜻蛉

②
陽炎

③
蜉蝣

問13 「しめなわ」

①
占縄

②
締縄

③
七五三縄

問14 「イスラム教」

①
井教

②
回教

③
拝火教

答えと解説

問10 ② 酒精

酒の精髄ということだが、「髄」ではなく「精」を使う。

問11 ① 羅府

「羅」はロサンゼルスの頭文字を表し、「府」は都市を表す。

問12 ① 蜻蛉

①②③とも「かげろう」と読むが、「とんぼ」と読むのは①だけ。

問13 ③ 七五三縄

わらを左よりにし、三筋、五筋、七筋とひねり垂らし、その間に紙幣を下げる。「注連縄」とも書く。

問14 ② 回教

唐代の中国で生まれた当て字。

書き 間違いやすい 漢字

次の太字の部分で 正しい漢字はどちらですか

問01　「その危険性は**いやがうえにも**増えた。」

| ① 否が上にも | ② 弥が上にも |

問02　「**いっすい**の夢」

| ① 一炊 | ② 一睡 |

問03　「今は商店街の**かきいれどき**だ。」

| ① 掻き入れ時 | ② 書き入れ時 |

答えと解説

問01 ②

「弥」は「ますます」の意味を表す。「弥
が上にも」のほかに「弥増す」などがある。
「いや」の付く言葉に「いやおうなし」「い
やでも」があるが、こちらは「否」と書く。

問02 ①

「邯鄲の夢」「盧生の夢」ともいう。昔、
盧生という青年が、栄華を極めた自分の
一生を夢に見たが、目が覚めてみると、
粟飯を炊いているほんの短い間だったと
いう故事に由来する。栄枯盛衰のはかな
さのたとえとして用いられる言葉である。

問03 ②

商売などが繁盛して、忙しい時期のこと
を「書き入れ時」という。「書き入れ」
とは、帳簿の記入のこと。商売が繁盛す
ると帳簿の記入が忙しくなることから、
こう言われるようになった。

次の太字の部分で
正しい漢字はどちらですか

問04 「**ごたぶん**に洩れず、彼も賭け事
が好きらしい。」

① 御多分

② 御多聞

問05 「あきれて二の句が**つげない**。」

① 告げない

② 継げない

問06 「**いきせききって**駆けつける。」

① 息咳切って

② 息急き切って

問07 「せっかくの計画が**ごはさん**になる。」

① ご破産

② ご破算

答えと解説

問04 ①

「うわさどおりの」の意味だと思って「御多聞」と書くのは大間違い。「御多分に洩れず」が正しい。「多分」とは「大部分」の意味で、「他の多くの例と同様に」という意味である。

問05 ②

「二の句」とは、「次に言い出す言葉」という意味。「二の句がつげない」とは、「次の言葉が出てこない」、つまり「次の言葉を継ぐことができない」ということである。あきれて開いた口がふさがらない状態のことだ。

問06 ②

「息急き切る」は、非常に急いで息を弾ませることをいう。「急き」は「急く（急ぐ）」の変化した形。これに「咳」をあてるのは誤りである。

問07 ②

「ご破算」とは、算盤で、計算をもとに戻して、零にすること。転じて物事が台無しになり、最初の状態に戻ることを表す。「ごわさん」ともいう。

次の太字の部分で正しい漢字はどちらですか

問08 「**かいきえん**を上げる。」

① 怪気炎

② 快気炎

問09 「容疑者が**もくひけん**を行使する。」

① 黙秘権

② 黙否権

問10 「政治と経済の動きが**き**を一にする。」

① 軌

② 規

③ 期

問11 「先人の**てつ**を踏む。」

① 轡

② 轍

③ 軛

答えと解説

問08 ①

言葉から受ける感じから「快気炎」としたいところだが、「怪気炎」が正しい。「気炎」とは、盛んな意気の意味。「怪気炎」は「怪しく感じるほどの盛んな意気」ということである。

問09 ①

刑事ドラマなどを見ていて頻繁（ひんぱん）に耳にする言葉。自分に不利益な供述を拒否できる権利のことで、日本国憲法により全国民に保障されている。「犯罪を否定する権利」の意味ではないので「黙否」とはならない。「黙秘」は「言わずに黙り通すこと」の意味である。

問10 ①

「軌」とは「わだち」の意味。「わだちを同じくする」の意味から、行き方が同じであることを「軌を一にする」という。ちなみに「一にする」は「いちにする」ではなく「いつにする」と読む。この点も間違いやすいので注意が必要だ。

問11 ② 轍

「轍」は「わだち」とも読み、車輪の跡のこと。「轍を踏む」で、先人がしたことと同じことをすること。「轡」は「くつわ」、「軛」は「くびき」と読む。

142

次の太字の部分で
正しい漢字はどちらですか

問12 「相手の言葉に**あいづち**を打つ。」

① 相槌　　② 合槌

問13 「深く**うなずく**。」

① 顎　　② 頷　　③ 頤

問14 「**とうとう**と流れる大河。」

① 涼々　　② 滾々　　③ 滔々

問15 「学校の前の道は**じょこう**が義務付けられている。」

① 徐行　　② 除行

問16 「このあたりは**とちかん**があるんだ。」

① 土地勘　　② 土地感

答えと解説

問12 ①

「相槌」は向き合った鍛冶の師と弟子が交互に槌を打ち合ったことからきた言葉。

問13 ② 頷

「頷く」は、首を縦に振るの意味。「顎」は「あご」、「頤」は「おとがい」と読む。「頤」には「あご」の読みもある。

問14 ③ 滔々

「淙々」は、さらさらと流れるようす。
「滾々」は、盛んにあふれるようす。
「滔々」は、盛んに流れるようす。

問15 ① 徐行

行くことをいうので、「ぎょうにんべん」。
「徐」はゆったりしているという意味。

問16 ① 土地勘

その土地についての事情を知っていること。

次の太字の部分で
正しい漢字はどちらですか

問17 「意見を**てっかい**します。」

① 撤回　　② 徹回

問18 「実力が**はくちゅう**している。」

① 伯仲　　② 伯中

問19 「**ふんしょく**決算で告発される。」

① 紛飾　　② 粉飾

問20 「父の病状は**よだん**を許さない。」

① 予断　　② 余断

問21 「**しゃこうしん**をあおられて全額
つぎこんだ。」

① 射幸心　　② 社交心

答えと解説

問17 ① 撤回

「撤」は「ひきあげる」という意味。

問18 ① 伯仲

優劣が付けられないこと。伯は長男、仲は次男。

問19 ② 粉飾

「白粉で化粧して飾る」というのが語源。

問20 ① 予断

「予断を許さない」で、予測できない状態にあること。

問21 ① 射幸心

偶然の利益や幸福を願う気持ち。

次の太字の部分で
正しい漢字はどちらですか

問22 「こう言うと、**ごへい**があるかもしれない。」

① 御幣

② 語弊

問23 「彼は、**れんきんじゅつ**に長けた男だ。」

① 錬金術

② 練金術

問24 「母は**やっき**になって弟を探した。」

① 躍気

② 躍起

問25 「二人は**こうたいしょう**な性格だ。」

① 好対照

② 好対象

問26 「責任を**てんか**するなんてひどい。」

① 転化

② 転嫁

答えと解説

問22 ② 語弊
誤解されやすい言葉の使い方をすること。

問23 ① 錬金術
現代では、「金儲けの方法」の意で使われることが多い。

問24 ② 躍起
焦ってむきになること。やきもきすること。

問25 ① 好対照
互いの違いがわかりやすく、きわだっていること。

問26 ② 転嫁
責任や罪を他人になすりつけること。

次の太字の部分で
正しい漢字はどちらですか

問27 「小学生が**もくどく**をしていた。」

① 黙読　　　② 目読

問28 「彼は**ほうようりょく**のある人よ。」

① 抱擁力　　② 包容力

問29 「歯並びを**きょう**正する。」

① 強　　② 矯　　③ 嬌

問30 「**ぐう**話によって諭す。」

① 寓　　② 偶　　③ 愚

問31 「プロの**きょうじ**を保つ。」

① 衿恃　　② 矜侍　　③ 矜恃

答えと解説

問27 ① 黙読

黙って読むこと。「目で読む」が、「目読」としないように。

問28 ② 包容力

心が広いこと。抱きかかえる力が強いわけではない。

問29 ② 矯

「矯正」は、ゆがみをなおすこと。

問30 ① 寓

「寓話」は、たとえ話。

問31 ③ 矜恃

「矜恃」は、自信や誇り。「矜持」とも。

次の太字の部分で
正しい漢字はどちらですか

問32 「**きん**線に触れる」

① 金　② 緊　③ 琴

問33 「**ぜい**弱な肉体だ。」

① 贅　② 脆　③ 盛

問34 「ミサイルを**とう**載する。」

① 搭　② 塔　③ 登

問35 「本の返却を**とく**促する。」

① 督　② 特　③ 催

問36 「悪いイメージを払**しょく**する。」

① 拭　② 触　③ 飾

答えと解説

問32 ③ 琴

「琴線に触れる」で、「感動させる」の意。

問33 ② 脆

「脆弱」は、もろいこと。

問34 ① 搭

「搭載」は、荷物を積むこと。「登載」は、記事を載せること。

問35 ① 督

「督促」は、約束を守るよう催促すること。

問36 ① 拭

「払拭」は、すっかりなくすこと。

次の太字の部分で
正しい漢字はどちらですか

問37　「**あいまい**に返事する。」

① 曖味　　② 曖昧　　③ 曖昧

問38　「議論の**おうしゅう**。」

① 応酬　　② 往襲　　③ 押収

問39　「**へい**害が現れる。」

① 弊　　② 幣　　③ 併

問40　「不当な扱いに**ふん**慨する。」

① 噴　　② 墳　　③ 憤

問41　「**だらく**した生活を送る。」

① 惰落　　② 堕落　　③ 堕絡

答えと解説

問37 ② 曖昧

「曖昧」は、はっきりしないこと。

問38 ① 応酬

「応酬」は、やりとり。「押収」は、証拠などを差し押さえること。

問39 ① 弊

「弊害」は、悪い影響。

問40 ③ 憤

「憤慨」は、激しく怒ること。

問41 ② 堕落

「堕落」は、不健全な態度で日々を過ごすこと。

次の太字の部分で
正しい漢字はどちらですか

問42 「光を**しゃ**断する。」

① 遷　　② 遮　　③ 避

問43 「毎度の繰り言に**へき**易する。」

① 避　　② 璧　　③ 辟

問44 「**か**粒状の薬を飲む。」

① 顆　　② 果　　③ 夥

問45 「殺**りく**を繰り返す。」

① 戮　　② 戳　　③ 伐

問46 「辺**ぴ**なところに住む。」

① 雛　　② 鄙　　③ 鄲

答えと解説

問42 ② 遮

「遮断」は、さえぎること。

問43 ③ 辟

「辟易」は、うんざりすること。

問44 ① 顆

「顆粒」は、粒になっている状態。

問45 ① 戮

「殺戮」は、むごたらしく人を殺すこと。

問46 ② 鄙

「辺鄙」は、いなかびていること。「鄙びる」といえば、反対語は「都びる」。

次の言葉の正しい漢字は
どちらですか

問47 「きもいり」

① 肝入り

② 肝煎り

問48 「たいかなく」

① 大過なく

② 大禍なく

問49 「かんぺき」

① 完壁

② 完璧

問50 「がかい」

① 瓦壊

② 瓦解

問51 「ぜんじ」

① 漸次

② 漸時

答えと解説

問47 ② 肝煎り

「肝煎り」が本来の表記。元来「世話人」を指す言葉でここから「斡旋すること」の意味になった。

問48 ① 大過なく

「大過」の「過」は「あやまち」の意。大した失敗もなくすごすことをいう。

問49 ② 完璧

「璧」は「たま」の意。「傷のない玉」転じて、全く欠点のないことをいう。

問50 ② 瓦解

かわらががらがらと崩れるように、一部の崩れから全体が崩れること。

問51 ① 漸次

「暫時」との混同で②としそうだが、「漸次」が正しい。「漸次」は「しだいに」、「暫時」は「しばらく」の意。

日本古来の尺貫法。実際にはどれくらいの単位なのか、知らない人も多いのでは…？
ここでちょっとお勉強！
日本では、古来から尺貫法と呼ばれる度量衡が使われてきました。長さに「尺」、容積に「升」、重さに「貫」を用いる体系です。尺貫法は1959年に廃止されましたが、その名残は習慣の中に強く残り、不動産の面積は「坪」で、日本酒の量は「合」や「升」で言うのが一般的です。

長さ（曲尺）		
一分（いちぶ）	100分の1尺	3.03mm
一寸（いっすん）	10分の1尺	3.03cm
一尺（いっしゃく）		30.303cm
一間（いっけん）	6尺	1.81818m
一丈（いちじょう）	10尺	3.0303m
一町（いっちょう）	60間	109.0909m
一里（いちり）	36町	3927.27m
重さ		
一匁（いちもんめ）		3.75g
一斤（いっきん）	160匁	600g
一貫（いっかん）	1000匁	3.75kg
広さ		
一歩（いちぶ）、一坪（ひとつぼ）		3.30578m^2
一畝（いっせ）	30歩	99.1736m^2
一反（いったん）	10畝	991.736m^2
一町（いっちょう）	10反	9917.36m^2
容積		
一勺（いっしゃく）	100分の1升	0.018039ℓ
一合（いちごう）	10分の1升	0.18039ℓ
一升（いっしょう）		1.8039ℓ
一斗（いっと）	10升	18.039ℓ
一石（いっこく）	10斗	180.39ℓ

四字熟語編

難易度が高く、
上手く使いこなせる人が
少ない**四字熟語**。
意味や**読み**を
正確に理解して、
ワンランク上のできる
大人になりましょう。

意味を 間違いやすい 四字熟語

次の四字熟語の 正しい意味はどちらですか

問01 「酒池肉林」

① 多くの酒と料理。

② 多くの酒と女性。

問02 「月下氷人」

① 美人。

② なこうど。

問03 「朝三暮四」
ちょうさん ぼ し

① 方針をころころ変えること。

② 言葉の上でうまくごまかすこと。

答えと解説

問01 ①

「肉林」を、女性の体のことだと誤解している人が多いようだ。女性の体が林のように居並ぶさまはさぞや壮観だろうが、残念ながら「肉林」にそんな意味はない。「酒池肉林」とは「多くの酒と料理をそろえた宴」の意味。そう、ここでいう「肉」とは御馳走としての肉のことである。

問02 ②

縁結びの神様である「月下老人」と、「氷人」が混合してできた言葉である。

問03 ②

「朝三暮四」とは、言い方の違いに騙されて本質は同じであることに気づかないことをいう。

次の四字熟語の正しい意味はどちらですか

問04 「空前絶後」

① **空前絶後**の快挙を果たす。

② **空前絶後**の大事件。

問05 「門前雀羅を張る」

① 出入りが激しく賑やかな様子。

② 訪れる人もなく寂しい様子。

問06 「天地無用」

① 上下を逆さまにしてはいけない。

② 上下を逆さまにしても構わない。

問07 「小春日和」

① 晩秋のよく晴れた日。

② 初春のよく晴れた日。

答えと解説

問04 ②

「空前絶後」は「後にも先にもあり得ないようなこと」。①だと「快挙」は二度と起こらないことになってしまう。

問05 ②

「門前に雀捕りの羅を張れるほど」の意味で、訪れる人もなくさびれた様子を表す。

問06 ①

「無用」は「〜してはならない」の意味もある。

問07 ①

「小春」は、暖かく春のような日和という意味で、陰暦十月の異称。

しっかり読んで使いこなしたい四字熟語

次の四字熟語を
正しく読みましょう

上意下達	曖昧模糊
心神耗弱	偕老同穴
一気呵成	隔靴掻痒
苛斂誅求	軽佻浮薄
文人墨客	傍若無人

答えと解説

じょういかたつ
上の者の意思や命令を下の者に徹底させることをいう。「上意」とは「君主のお考え」のこと。

あいまいもこ
はっきりしない様子。「模糊」は曖昧同様はっきりしない様子。

しんしんこうじゃく
「心神喪失」まではいかないが、その一歩手前の状態。裁判で、刑が軽減されることもある。

かいろうどうけつ
「ともに老い、同じ墓に入るまで一緒」の意。夫婦仲が固いこと。

いっきかせい
仕事などを「一気」に仕上げてしまうこと。

かっかそうよう
かゆいところを靴の上からかいているような、もどかしい状態。

かれんちゅうきゅう
容赦なく取り立てること。特に税金など。

けいちょうふはく
浮ついた様子で、軽々しいこと。そう言われないようにしたいもの。

ぶんじんぼっかく
文章を書いたり、書や絵画をたしなむ風雅人。

ぼうじゃくぶじん
自分勝手に振る舞うこと。そうしないよう気をつけたいものです。

無知蒙昧	唯唯諾諾
有耶無耶	規矩準縄
行住坐臥	毀誉褒貶
喧喧囂囂	生生流転
鼓腹撃壌	手練手管
無欲恬淡	有職故実
余裕綽綽	流言蜚語

答えと解説

むちもうまい
学がなく、物事の道理を知らないこと。

いいだくだく
人から言われるままに従うさま。「唯唯諾諾と従う」

うやむや
はっきりしないままにしておくさま。

きくじゅんじょう
人の行動の規準となるもの。

ぎょうじゅうざが
日常の生活。普段のたちい振る舞い。

きよほうへん
ほめることとけなすこと。

けんけんごうごう
多くの人が口々にやかましく騒ぎ立てるさま。

しょうじょうるてん
「せいせいるてん」とも読む。万物の永遠の変化。

こふくげきじょう
平穏無事な日が続くさま。

てれんてくだ
巧みに人をまるめこむ方法。

むよくてんたん
無欲で、ごくあっさりしていること。執着が感じられないこと。

ゆうそくこじつ
朝廷や武家の慣例、行事などに関する古来のきまり。

よゆうしゃくしゃく
悠然と落ち着き払ったさま。

りゅうげんひご
根拠のない噂。デマ。訳のわからない言われ方。

書き間違いやすい四字熟語

次の太字の部分で、正しい漢字はどちらですか

問01 「**ぜったいぜつめい**のピンチに陥る。」

① 絶体絶命

② 絶対絶命

問02 「そんな**やろうじだい**な考えは改めたほうがいい。」

① 野郎自大

② 夜郎自大

問03 「こうなったら、君とは**いちれんたくしょう**だ。」

① 一蓮托生

② 一連托生

答えと解説

問01 ①

「絶体絶命」で進退窮まる状態を表す。「絶体」は見慣れない言葉だけに「絶対」と書いてしまいがちだ。「絶体」も「絶命」も九星占いの凶星の名である。

問02 ②

自分の力量を知らず、仲間うちでいばる者を「夜郎自大」という。漢の時代、西南部の夜郎という部族は、漢の強大さを知らず、自らを大国であると誇り、漢の使者に対して尊大な態度で接したという故事に由来する言葉である。

問03 ①

「運命をともにする」の意味から「連」の字を想起するのは誤り。この言葉の由来は、同じ心で念仏を唱えれば、同じ蓮の上に生まれ変わる、という仏教の教えにある。

次の四字熟語の正しい漢字はどちらですか

問04 「しゅっしょしんたい」

①
出処進退

②
出所進退

問05 「うよきょくせつ」

①
紆余曲折

②
迂余曲折

問06 「こうがんむち」

①
厚顔無知

②
厚顔無恥

問07 「せいてんはくじつ」

①
晴天白日

②
青天白日

答えと解説

問04 ①

「出処進退」とは、「身の処し方」のことで、「出処進退を明らかにする」などと使われる。「出処」の「出」は「役人になること」、「処」は「役人にならずに家にいること」の意味。

問05 ①

「紆余曲折」とは道などが曲がりくねっていること。転じて、いきさつが込み入っていることをいう。

問06 ②

「無恥」は「恥が無い」ではなく、「恥を知らない」という意味。

問07 ②

青い空と明るい日差しのことから、心にやましいことのない様子を表す。

次の四字熟語の正しい漢字はどちらですか

問08 「さんみいったい」

① 三位一体

② 三身一体

問09 「かいとうらんまを断つ。」

① 快刀乱麻

② 快投乱麻

問10 「あいつはわが社にとってししししんちゅうの虫だ。」

① 獅子心中

② 獅子身中

問11 「おんこちしん」

① 温古知新

② 温故知新

答えと解説

問08 ①

キリスト教の教義からきた言葉。三つの
ものが一体になるさまをいう。

問09 ①

短い刀でもつれた麻糸を断ち切るよう
に、物事をあざやかに解決することを「快
刀乱麻を断つ」という。スポーツ新聞な
どでよく目にする「快投乱麻」は、この
言葉をもじった表現である。

問10 ②

内部の者でありながら、属している組織
などに害を与える者を、獅子の体の中に
寄生する虫にたとえた言葉。元来は仏教
の言葉で、仏徒でありながら仏法に害を
なす者を指した。

問11 ②

「論語」に基づく。「故きを温ねて新しき
を知る」。昔のことを調べ、新しい知恵
を得ること。

単位には状態などによって変化するものがあります。

海胆

一個／一匹／一腹

動物として数えるならば「匹」だが、食べる部分は魚卵扱いで「腹」で数える。

茶碗

一個／一客／一口

普段使いは「個」、来客用に改まった一式は「客」で数える。「口」は古い言い方。

餅

一枚／一切れ／一個／一重ね／一臼

臼でついた餅を引き伸ばしたのし餅は「枚」、それを切り分けたものは「切れ」で数える。鏡餅は重ねてあるので「重ね」。一回の餅つきでつく餅は「臼」で数えられる。

着物

一枚／一着／一領／一具／一腰／一点

羽織や浴衣など「枚」で数える。襦袢や帯など身につけるものすべてを揃えた場合は「着」を使う。古い数え方では、襟を意味する「領」、ワンセットを意味する「具」がある。袴は「腰」という特殊な数え方がある。

寺

一軒／一寺／一宇／一山

「寺」は名のある複数の寺を幾つかまとめて数える場合、「宇」は寺や廟を数える場合に使われる。もともと深い山であったところへ僧によって開かれた寺は、「鎌倉五山」のように「山」と数える。

虹

一本／一筋／一橋

「本」「筋」で数え、橋に見立てて「橋」で数えることも。

雲

一つ／一片／一本／一筋／一条／一座／一塊／一抹／一点／一朶

通常は「つ」で数えるが、形状によってさまざまな数え方がある。青空にくっきりと浮かんだ小さな雲は「片」、飛行機雲は「本」「筋」「条」、入道雲は「座」、大きな雲のかたまりは「塊」。また、快晴の空にわずかに浮かぶ雲を「一抹」「一点」ともいう。「朶」は、雲のかたまりを花のついた枝に見立てた雅語的表現。

PART 5

敬語編

敬語は、読者の多くの
皆さんが**苦手**とする
ジャンルでしょう。
さまざまな**状況**に応じて、
どのような敬語を
チョイスするのが
最も**ふさわしい**のかを
考えてみましょう。

間違えると恥ずかしい敬語

次の場合に使う正しい敬語はどちらでしょう

問01 名前だけ聞いていた人と初めて会って「あなたのことは知っている」と伝えたいときの正しい言い方はどちらですか。

① お名前は存じ上げています。

② お名前はご存じです。

問02 銀行員がお客様に「次に来店するときには印鑑を持ってきてもらいたい」とお願いするときの正しい言い方はどちらですか。

① 次回にでもご持参ください。

② 次回にでもお持ちください。

問03 課長が部長の発言について社長に意見を言う場合の正しい言い方はどちらですか。

① 部長がおっしゃった件についてですが、……。

② 部長が申し上げた件についてですが、……。

177

答えと解説

問01 ①

「ご存じ」では自分に対する敬意を表すことになる。「存じ上げる」はこちらがへりくだることで相手に敬意を示す謙譲語だが、「ご存じ」は相手への敬意を示す尊敬語である。

問02 ②

「参」は「参る」なので「持参する」というのは、目上の人のところに何かを持っていくという謙譲語。「ご」を付けても相手に対する敬意を表すことにはならない。

問03 ②

尊敬語の「おっしゃる」は、目上の人が何かを言うという場合に使う。一方、目上の人に、自分や自分の身内の者が何かを言うという場合には、謙譲語の「申し上げる」を使う。ここは自分の上司が、さらに上の人に言う場合。

次の場合に使う正しい**敬語**は
どちらでしょう

問04　課長の出張に同行することになった部下が、そのことについて課長に伝えるときの正しい言い方はどちらですか。

① 私がご一緒します。

② 私がお供します。

問05　誰かが誰かを呼んでいるのですが、敬語の使い方から見て、一般的にあり得ないと考えられるのはどちらですか。

① 部長、社長がお呼びです。

② 社長、部長がお呼びです。

問06　社長に呼ばれていることを部長に伝えるときの正しい言い方はどちらですか。

① 部長、すぐに社長室にいらしてください。

② 部長、すぐに社長室に伺ってください。

問07　あなたは受付係です。やってきたお客様に誰に用があるのかを尋ねるとき、正しい言い方はどちらですか。

① どなたをお呼びしましょうか。

② 誰をお呼びしましょうか。

答えと解説

問04 ②

課長に同行するということをへりくだって言う必要があるので、謙譲語の「お供する」が適切。「ご一緒する」は単なる丁寧語。同僚を相手にするならば、丁寧語でも十分。

問05 ②

「お呼びです」というからには、目上の人が呼んでいるのでなければおかしい。「社長、部長がお呼びです」では部長のほうが上になってしまう。

問06 ①

自分より目上の人に向かって話しているので、当然相手の動作には尊敬語を使う。社長は部長より目上だが、状況を共有していないので眼前の部長への敬意を優先させる必要がある。「いらし（て）」は尊敬語「いらっしゃる」が変化したもの。

問07 ②

会社の外部の人間と話をする中では、自社の社員に対する敬意を示すような表現は使わないのが鉄則。「どなた」は「誰」の尊敬表現なので、ここでは不適切。

次の場合に使う正しい敬語は どちらでしょう

問08 あなたは受付係です。お客様が鈴木部長を訪ねてきたところに、たまたま鈴木部長が通りかかりました。それをお客様に教えるときの正しい言い方はどちらですか。

① あれが部長の鈴木です。

② あちらが部長の鈴木です。

問09 今日の本来の目的は自社の新製品の紹介でした。あなたがその新製品を紹介するときの正しい言い方はどちらですか。

① これがわが社の新製品です。

② これが小社の新製品です。

問10 取引先との打ち合わせの中であなたの会社の社長のことが話題に。あなたが社長について話すときの正しい言い方はどちらですか。

① 私どもの社長が……。

② うちの社長が……。

問11 無事に商談は成立。先方はあなたの説明の明快さを絶賛。それに照れたあなたの謙遜の一言として正しいのはどちらですか。

① とんでもないことです。

② とんでもございません。

答えと解説

問08 ①

ここでも、外部の人間の前で身内に敬意を表す表現を使わないという鉄則に従えばいい。社内の人間にお客様のことを教えるなら丁寧な「あちら」が正しい。

問09 ②

自分の会社を「わが社」と言っては、相手に高圧的な印象を与えてしまう。社外の人間に対しては、「小社」「弊社」のようなへりくだった言い方をするのが適切である。

問10 ①

「うちの」というのは、「うち」に該当する自社の社員の間でのみ使うべき表現。一方、「私どもの社長」はややへりくだった表現であり、これなら外部の人を相手に使ってもおかしくない。

問11 ①

非常によく耳にする間違いの一つ。一生懸命に謙遜しているつもりなのだろうが、「とんでもない」を「とんでも」と「ない」に分けて使ってはいけない。「とんでもない」はこれで一単語。

おさえておきたい 大人の表現

次の太字の部分を 正しく読みましょう

問01 「**御母堂様**は……。」

⚠ **ヒント** 他人のお母さんのこと。

問02 「こちらから**罷り出ます**。」

⚠ **ヒント** 「参上する」とほぼ同じ意味。

問03 「**末席を汚す**。」

⚠ **ヒント** 「汚す」は、「よごす」以外になんと読む?

問04 「**御逝去**の知らせに驚く。」

⚠ **ヒント** 「折」の部分にだまされないように。

答えと解説

問01 御母堂様
ご ぼ どう さま

他人の母親を敬って言う言い方。
ちなみに、他人のお父さんのことは「御尊父様」と言う。
そん ぷ さま

問02 罷り出ます
まか で

「出る」の謙譲表現。
「罷り越す」と一緒に、「罷る」が付いて謙譲の意味を表す言葉を覚えておくとよい。

問03 末席を汚す
まっ せき けが

その地位にいることの謙譲表現。
「末席」は、「ばっせき」とも読む。「下座」とほぼ同じ意味。
しも

問04 御逝去
ご せい きょ

他人の死を敬って言う言い方。
「折」が使われているので、「せつきょ」と読み間違えないように。

次の太字の部分を
正しく読みましょう

問05 「殿下が**身罷り**、早十年。」

⚠ヒント 「身籠もる」と間違えやすいが、意味は全く逆！

問06 「**幸甚**に存じます。」

⚠ヒント 「幸甚」は、「甚だ」「幸い」ということ。

問07 「そろそろ**お暇**いたします。」

⚠ヒント 「ひま」と読まないように。

問08 「**不躾**ながら……。」

⚠ヒント 躾に否定の「不」がついているということは……。

問09 「**拝謁**の栄」

⚠ヒント 「謁」だけでも「身分の高い人に会う」という意味がある。

答えと解説

問05 身罷り

「死ぬ」の丁寧語。
「罷る」は古語で、「貴人のもとから離れて行く」の謙譲語。

問06 幸甚

この上もない幸せ。
「幸いです」よりも改まった言い方。

問07 お暇

訪問先から離れることをへりくだって言う語。
「辞去」という言い方をする場合もある。

問08 不躾

無礼なこと。無作法なこと。
自分の行動を卑下して言う場合が多い。

問09 拝謁の栄

「お目にかかれて光栄です」の意。一般人同士ではなかなか使う機会がない言葉。

使えば
一目おかれる
手紙用語

次の手紙用語を
正しく読みましょう

机下	各位
小生	貴台
御芳志	御状
粧次	侍史
海容	御鞭撻

答えと解説

きか
脇付（わきづけ）の一つ。敬意を表し、机の下に差し出す意。

かくい
大勢に向けた文書で「殿」の代わりに付ける言葉。

しょうせい
男性が自分のことをへりくだって言う言葉。

きだい
相手や相手の家のことを敬って言う言葉。

ごほうし
「相手の心遣い」を敬って言う言葉。

ごじょう
相手の手紙を敬って言う言葉。

しょうじ
脇付の一つ。女性宛てに使う言葉。

じし
脇付の一つ。恐れ多いので直接ではなく書記に渡す意。

かいよう
大きな心で過ちを許すこと。詫び状に使う。

ごべんたつ
「励まし」のこと。元は、むちで打つという意味。

懇書	朶雲
貴簡	愚札
寸書	不一
座右	御厚情
頓首	冠省
大兄	岳父
岳母	厚誼

答えと解説

こんしょ
親切丁寧な手紙や相手の手紙を敬って言う言葉。

だうん
他人の手紙のことを敬って言う言葉。

きかん
相手の手紙を敬って言う言葉。

ぐさつ
自分の手紙をへりくだって言う言葉。

すんしょ
自分の手紙をへりくだって言う言葉。

ふいつ
結語の一つ。「まだまだ書きたいのですが」という意味。

ざゆう
手紙で、敬意を表すために宛名に付ける言葉。

ごこうじょう
温かい気持ち。「御厚情を賜り、ありがとうございます」

とんしゅ
結語の一つ。相手に対する敬意を表す。

かんしょう
頭語の一つ。時候の挨拶などを省くときに使う。

たいけい
書き手の男性が少し年上の男性を敬って言う言葉。

がくふ
妻の父。相手側の場合は「御岳父」と言う。

がくぼ
妻の母。相手側の場合は「御岳母」と言う。

こうぎ
心のこもった親しい付き合い。「御厚誼を賜り……」

日本という国はとりわけ「春」「夏」「秋」「冬」それぞれの趣きを感じることのできる国でしょう。そんな日本だからこそ、季節それぞれに独特の美しい表現が存在します。

春 朧（おぼろ）

春の夜のぼんやりとかすんだ状態が「朧」。湿った南風の運んだ水蒸気が空気中に立ち込めるために発生する。夏の蒸し暑い湿気と違い、春は夜気もやわらかく感じられ、なまめかしい気配を漂わせる。「朧」は昔から、詩人や物語の作者たちに愛されてきた。ぼんやりかすんで見える月を「朧月」という。『源氏物語』には「朧月夜の君」が登場する。

夏 青葉闇（あおばやみ）

うっそうとした夏の木立の下の暗さを表す言葉。夏の木立は葉が生い茂った分、木の下は日の光を遮って、昼でも暗く感じる。太陽が照りつけるところと木陰の明暗の差で、一瞬目がくらむ感覚や、木陰のひんやりした空気、地面の湿った感じなどを表現する言葉。

秋 待宵（まつよい）

中秋の名月がかかる旧暦八月十五日の前夜、十四日の夜のこと。中秋の名月は、一年で最も美しい月とされ、前の晩の空には、限りなく満月に近い月がかかる。それを見ながら、明日はもっと美しい月が見られることを期待して、「待宵」と名付けられた。

冬 風花（かざはな）

遠くの山で降っている雪が風に運ばれてきて、晴天である麓の町などに舞い散る現象のこと。まるで花びらが風に舞うように見えることから、この呼び名がある。気象的には、雪の日に数えられる。はらはらと舞い、降りかかるともなく消えるはかなさと、美しい語感から、昔から俳句や和歌、詩、歌などにもよく使われてきた。

STAFF

編集協力　山岸全（株式会社ウエイド）
本文デザイン　木下春圭（株式会社ウエイド）

本書は次の書籍に加筆・修正を加えて再編集したものです。
• 一校舎国語研究会編『間違いだらけの日本語』（永岡書店／2004年）
• 一校舎国語研究会編『できる大人の国語力練習帳』（永岡書店／
　2013年）

社会人の学び直し
使える漢字力

2020年2月10日　第1刷発行

編　者　一校舎国語研究会
発行者　永岡純一
発行所　株式会社永岡書店
　　　　〒176-8518
　　　　東京都練馬区豊玉上1-7-14
　　　　電話　03-3992-5155（代表）
　　　　　　　03-3992-7191（編集）

DTP　　センターメディア
印刷　　精文堂印刷
製本　　若林製本工場